cuisine familiale

sans prendre de poids !

textes de

Marie-Laure André

recettes de

Stéphan Lagorce et Laurence du Tilly

hachette
PRATIQUE

Sommaire

Bien manger en famille sans prendre de poids, c'est possible ?

Oui ! La cuisine familiale, c'est la bonne cuisine qui nous rappelle notre enfance, la cuisine sans chichis qui réunit petits et grands, qui embaume toute la maison et laisse présager un repas plein de saveurs et de bonne humeur ! Pour bien équilibrer vos repas de famille et vous régaler sans prendre de poids, suivez mes conseils et testez mes recettes !

VIVE LE PETIT DÉJEUNER !

Ne faites pas l'impasse sur le petit déjeuner : votre organisme a besoin de recharger ses batteries pour bien commencer la journée ! Pour ne pas prendre de poids, privilégiez les bonnes vieilles tartines beurrées (ou les biscottes) aux viennoiseries et aux gâteaux en tous genres, trop gras et trop sucrés ! N'oubliez pas la boisson pour réhydrater l'organisme (thé, café, jus de fruits, etc.) et pensez aux produits laitiers pour leur apport en calcium (1 verre de lait ou 1 yaourt par exemple).

Vous boudez le petit déjeuner ?

- Vous n'avez pas faim au réveil ? Passez d'abord dans la salle de bains et prenez ensuite votre petit déjeuner. Préparez la table la veille au soir avec les enfants : posez les tasses et les verres pour les jus de fruits, les céréales, le pain. Vous constaterez alors qu'une belle table vous donnera envie de vous asseoir !
- Pensez également à dîner léger : vous profiterez d'un meilleur sommeil et vous vous réveillerez avec plus d'appétit !
- Si vous ne pouvez décidemment rien avaler au réveil, emportez une collation : 1 petite brique de jus de fruits ou 1 yaourt à boire avec 1 petit pain au lait ou 4 biscuits secs riches en céréales par exemple.

Le dimanche : c'est permis !

Le dimanche, autorisez-vous un petit déjeuner plus gourmand : brioche ou pancakes (recette p. 114), par exemple. Vous êtes lève-tard ? Proposez un brunch : ce condensé du petit déjeuner et du déjeuner vous donnera de l'énergie jusqu'au goûter !

Exemples de brunchs équilibrés

Chocolat au lait
Crêpes + Miel
Œuf à la coque
Orange pressée

Thé au citron
Céréales au blé complet
Yaourt brassé nature
Kiwis
Œuf au plat

Café au lait
Pain de mie toasté
Fromage à tartiner
Jambon blanc
Jus de pamplemousse

Café noir
Tartines beurrées
Bacon grillé
Salade de fruits frais
Fromage blanc

LES BONS PETITS PLATS DU TERROIR

Qui dit cuisine familiale dit cuisine traditionnelle, régionale et culturelle : ce sont les plats du terroir qui tiennent au corps, servis à la bonne franquette (couscous, cassoulet, choucroute,

potée, bœuf aux carottes). Souvent copieux et plutôt riches, ces bons petits plats ont la mauvaise réputation de faire grossir. Pourtant, ce sont des plats complets et il suffit avant tout de savoir comment les insérer dans des menus équilibrés pour ne pas prendre de poids !
Pour tout savoir sur l'équilibre alimentaire, rendez-vous p. 19 : vous y trouverez tous mes conseils et mes astuces pour vous faciliter le quotidien.

Simple comme équilibre

Prenez l'habitude d'équilibrer vos menus : si vous préparez un cassoulet, prévoyez un dessert léger (fruit de saison par exemple) plutôt qu'un gâteau au chocolat bien gras et bien sucré !
Ayez bien en tête les composantes d'un repas équilibré pour réaliser vos menus : viande + légumes + féculents ou pain + produit laitier + fruit.

- Vous préparez un couscous ? Ce plat comprend de la viande, des légumes et un féculent (semoule). Pour équilibrer votre repas, il vous suffit de le compléter par un produit laitier (un yaourt par exemple) et un fruit de saison.

- Vous préparez un hachis Parmentier ? Ce plat comprend de la viande, un féculent et un produit laitier (lait dans la purée). Pour équilibrer votre repas, commencez par un légume (soupe ou salade) et terminez par un fruit de saison ou par une compote.

TOUS À TABLE !

Pour ne pas prendre de poids, la règle d'or est de préparer des repas équilibrés et de bannir le « frigo libre-service ». Prenez vos repas tous ensemble ; même le petit dernier de 18 mois a le droit de prendre son repas avec le reste de la famille ! Le repas est un moment de partage et de détente. Éteignez donc la télévision et consacrez toute votre attention au repas pour en apprécier toute sa saveur : cela permet de manger avec appétit sans exagération !

De bonnes habitudes

Très tôt, donnez l'habitude à toute la famille de manger peu salé et peu sucré : salez légèrement les plats à la cuisson et laissez la salière dans le placard. Au moment du dessert, posez la corbeille de fruits sur la table et proposez également des laitages simples : yaourts, fromages blancs et petits-suisses nature, que chacun peut sucrer à sa convenance avec du miel, de la confiture ou du sucre classique. À table, proposez de l'eau aux enfants et réservez les boissons sucrées (sirops, sodas) pour les occasions spéciales (fêtes et anniversaires). Les parents peuvent boire un peu de vin à table (1 verre) sans prendre de poids.

Les basiques de Maman

Revisitez vos classiques en réduisant l'apport en graisses :

- Vous aimez le gratin dauphinois ? Utilisez de la crème légère ou un mélange à parts égales de crème fraîche et de lait pour obtenir un plat plus léger.

- Vous préparez souvent des gratins de légumes ? Réalisez vous-même une sauce Béchamel légère et inratable (recette p. 12).
- Vous aimez les plats en sauce ? Privilégiez les préparations à base de sauce tomate (spaghettis à la bolognaise) ou de bouillon épaissi et de vin blanc (filets de poisson sauce ciboulette) aux sauces à base de crème fraîche ou de beurre (spaghettis à la carbonara, saumon sauce hollandaise).

Bon à savoir

> Les viandes en sauce ne sont pas toujours riches en graisses : la blanquette de veau ou le bœuf aux carottes sont, par exemple, des préparations peu grasses, si vous pensez à enlever le gras visible de la viande avant de la cuisiner !

Quiches, pizzas & Co.

Vous aimez cuisiner des quiches en tous genres, des pizzas ou autres feuilletés ? Ces plats sont souvent riches en graisses. Pour ne pas prendre de poids, servez une part raisonnable (1/6e à 1/4 de quiche, selon l'âge et l'appétit) et accompagnez-la d'une belle assiette de crudités, puis terminez votre repas par un dessert simple : fruit de saison ou laitage nature par exemple. Votre menu sera ainsi parfaitement équilibré !

Zoom sur le croque-monsieur

> Personnalisez vos recettes de croque-monsieur : garnissez-les de bacon, jambon cru, foies de volaille émincés, saumon fumé, rondelles de tomate, etc. Et remplacez le traditionnel fromage à croque-monsieur par de la mozzarella, du reblochon, ou encore du crottin de chèvre.

> Accompagnez votre croque-monsieur d'une belle assiette de salade verte et terminez votre repas par un fruit de saison pour bien équilibrer votre menu.

Le plateau-télé du dimanche soir

Le dimanche soir, on peut se permettre plus de fantaisie. C'est la fin du week-end et tout le monde a besoin de se détendre avant de démarrer une nouvelle semaine !

Si vous n'avez pas envie de passez du temps aux fourneaux, optez pour un repas livré (pizza par exemple) et préparez une simple salade verte agrémentée de tomates cerise et de pignons grillés : voilà un repas équilibré qui plaît à toute la famille !

Pour finir sur une note sucrée, proposez des brochettes de fruits (ananas, raisins, fraises, rondelles de banane) intercalés de chamallows ou de fraises Tagada : succès immédiat !

LA CUISINE DES ENFANTS

La cuisine familiale, c'est aussi la cuisine qui plaît à toute la famille : aux parents comme aux enfants !
Vos enfants font la grimace au moment de passer à table ? Impliquez-les davantage dans l'élaboration des menus et faites-les participer à la préparation du repas : ils seront fiers de déclarer qu'ils vous ont aidé(e) et goûteront plus volontiers à leurs plats !

Bon à savoir

> Au moment du repas, ne laissez pas un enfant décider de ce qu'il va manger : c'est une responsabilité qui vous incombe, même s'il rechigne au moment de passer à table !

Le même menu pour toute la famille !

Même si les enfants ne mangent pas les mêmes quantités d'aliments que leurs parents, évitez de préparer deux menus différents : adaptez simplement les quantités en fonction de l'âge.
Vos enfants sont difficiles ? Pour éviter que le repas ne devienne un combat quotidien, proposez toujours les légumes avec des féculents (pâtes aux brocolis, risotto aux pointes d'asperges, gratin de pommes de terre et de courgettes) : s'ils refusent de manger les légumes, ils prendront quand même l'habitude d'en voir dans leur assiette et, un jour ou l'autre, ils les mangeront !

Ils n'aiment pas les légumes ?

Si vous avez un jardin, confiez aux enfants une petite parcelle où ils pourront faire pousser les légumes de leur choix. Emmenez-les sur le marché pour leur présenter les légumes de saison et expliquez-leur pourquoi c'est bon de manger des légumes avec des mots simples. Par exemple : « les légumes sont pleins de vitamines qui donnent des forces et aident à bien grandir ».

La béchamel à toutes les sauces !

Simple et rapide à réaliser, la sauce Béchamel est aussi une sauce peu grasse qui permet d'agrémenter de nombreuses préparations, sans prendre de poids : légumes en gratin, soufflés, etc. Elle est en général appréciée des enfants et permet même de leur faire manger des légumes qu'ils boudent souvent ! Testez le gratin de chou-fleur et de brocoli, ou encore les endives au jambon (recette p. 79).

Recette d'une sauce Béchamel légère

Pour un plat de 4 assiettes

30 g de farine
50 cl de lait demi-écrémé
2 noix de beurre
Sel, noix muscade moulue

Délayez la farine avec un peu de lait froid. Faites chauffer le reste du lait dans une casserole, ajoutez la farine délayée en mélangeant bien jusqu'à ce que la préparation épaississe. Salez et ajoutez un peu de muscade. Laissez cuire 10 min à feu doux en remuant de temps en temps. Incorporez le beurre et mélangez bien.

Les légumes en purée : tout le monde adore !

Pensez à cuisiner les légumes en purée : brocoli, haricot vert, courgette et petit pois, carotte et potiron, ou encore céleri. Ajoutez-y une touche de crème et vous obtiendrez des préparations onctueuses, à servir dans des verres à whisky ou dans des coupes à glace : pour une jolie présentation qui plaira à toute la famille !

Zoom sur le ketchup

> **Le ketchup est une sauce à base de tomates fraîches, légèrement sucrée ou épicée, qui contient très peu de graisses ! On peut donc en donner aux enfants sans complexe, surtout s'ils mangent ainsi plus volontiers leurs légumes !**

La viande : quelle quantité pour quel âge ?

La première erreur que commettent les parents, c'est de donner trop de viande à leurs enfants. Pour vous donner une idée, voici les quantités de viande (ou poisson, œuf et jambon) conseillées chez l'enfant à différents âges de sa croissance :

Quantités de viande conseillées chez l'enfant (par jour)				
1 an	3 ans	6 ans	10 ans	13 ans
20 g*	40 g	80 g	100 g	150 g

*20 g de viande = 1 cuillerée à soupe de viande mixée, ¼ de steak haché ou ½ œuf.

Retenez ceci : avant l'âge de 6 ans, il est inutile de donner de la viande (ou poisson, œuf et jambon) au dîner à un enfant ! Le dîner se composera alors de légumes et de féculents, d'un produit laitier et d'un fruit.

Exemples de dîners sans viande (avant l'âge de 6 ans)

Soupe de courgettes
Coquillettes au beurre + gruyère râpé
Pomme

Taboulé
Purée de brocoli
Petit-suisse nature
Compote de poires

Quid des produits laitiers ?

Dès l'âge de 1 an, prenez l'habitude de donner 4 produits laitiers à votre enfant chaque jour (soit 1 par repas) pour couvrir ses besoins en calcium (voir p. 27 : *1 produit laitier, c'est...*).
Il n'aime pas le lait ? Respectez ses goûts et donnez-lui à la place des laitages (petit-suisse, yaourt, fromage blanc) ou du fromage, en privilégiant la diversité : fromage à tartiner, fromage à pâte cuite (gruyère, comté) ou fromage à pâte molle (camembert, brie), en alternance.

Bon à savoir

> 1 grand biberon de lait (250 à 300 ml) = 2 produits laitiers.

Et les féculents ?

Les féculents doivent être présents à chaque repas, sous forme de pain et/ou de céréales (pâtes, riz, semoule) en quantité adaptée à l'âge.

- Vers 2 ans, un enfant consommera en moyenne 2 à 3 cuillerées à soupe de féculents par repas.
- Vers 6 ans, on pourra lui proposer 4 à 5 cuillerées à soupe de féculents par repas.
- Vers 13 ans, un adolescent en pleine croissance pourra consommer l'équivalent de 2 assiettes de féculents par repas !

Bon à savoir

> Les enfants régulent très bien leur appétit : ne les forcez jamais à finir leur assiette s'ils n'ont plus faim.

LE GOÛTER : UN REPAS À PART ENTIÈRE

Pour les enfants, le goûter est un repas important : prévoyez 1 produit céréalier (pain, biscottes, céréales, crêpes, biscuits) et 1 produit laitier (verre de lait, yaourt à boire). Prenez l'habitude de servir le goûter à table et autorisez de temps en temps des goûters plus gourmands (par exemple : 1 part de gâteau que vous aurez préparé avec eux dans la matinée).

Exemples de goûters équilibrés

1 verre de lait + 2 tartines de pain + 1 barre de chocolat
1 yaourt à boire + biscottes beurrées
1 fromage blanc + salade de fruits + 1 biscuit sec
1 bol de lait + céréales
1 milkshake à la fraise + 2 biscuits secs
1 gourde de compote + 1 verre de lait chocolaté

Le goûter est-il réservé aux enfants ?

Bien sûr que non ! Partagez leur goûter avec une boisson chaude ou fraîche et 1 biscuit ou 1 fruit : vous échapperez ainsi au petit creux de 17 h ou 18 h qui pousse parfois à grignoter avant le dîner !

« Et si on faisait un gâteau ? »

Transmettez votre culture culinaire à vos enfants : choisissez des recettes simples et rapides à réaliser comme un clafoutis (recette p. 106) ou un gâteau au yaourt. Les enfants aiment

« mettre la main à la pâte », et c'est l'occasion pour vous de leur expliquer ce qu'apportent les aliments. Par exemple : « le yaourt contient du calcium, c'est important pour bien grandir ».

FRÉQUENCE DE CONSOMMATION CONSEILLÉE POUR NE PAS PRENDRE DE POIDS

Certains plats riches en graisses et/ou en sucres ne doivent pas figurer au menu tous les jours ! Voici quelques repères :

Je peux manger...	**pas plus de...**
1 part de quiche, 1 pizza ou 1 feuilleté	1 fois par semaine
1 part de gâteau (fraisier, millefeuille)	1 fois par semaine
1 viennoiserie (croissant, pain au chocolat)	1 à 2 fois par semaine
Des frites	1 fois par semaine
Une raclette	1 fois par mois
De la charcuterie (pâté, boudin, saucisse)	2 fois par semaine
Un plat riche (cassoulet, choucroute)	2 fois par mois
1 glace (cône, bâtonnet glacé)	1 fois par semaine
Quelques bonbons	1 jour par semaine (le mercredi par exemple) au goûter

PROPOSITIONS DE MENUS FAMILIAUX

DÉJEUNER	DÎNER
Taboulé à la menthe **Rôti de porc aux 40 gousses d'ail** **Purée de céleri à l'aneth** Camembert Poire	**Velouté de potimarron aux herbes** Omelette aux pommes de terre Salade verte Yaourt nature
Carottes râpées au citron **Bœuf aux carottes** Tagliatelles fraîches Faisselle au miel	Chiffonnade de jambon cru Gratin de courgettes et pommes de terre Petit-suisse nature Compote pommes-fraises
Chou rouge à la vinaigrette Filet de lieu noir en papillote Pommes de terre à l'anglaise Brie Salade d'oranges	Salade de concombre à la feta **Hachis Parmentier** Yaourt aux fruits
Betteraves rouges à la vinaigrette Escalope de veau aux champignons **Légumes rôtis** **Crêpe Suzette**	**Soupe orange** **Tomates farcies** Yaourt aux fruits
Haricots verts al dente aux oignons **et huile de noix** Poulet rôti Polenta sauce tomate Fromage blanc nature	Potage poireaux-pommes de terre **Quiche lorraine** Salade frisée Compote aux 3 pommes
½ pamplemousse Rosbif **Gratin dauphinois** Salade d'endives Flan à la vanille	Asperges à la vinaigrette Coquille Saint-Jacques Riz basmati Crème dessert au café
Tomates mozzarella Cuisse de dinde rôtie **Brocolis sautés ail et miel** **Clafoutis aux poires et au chocolat**	Salade de riz au surimi Œuf coque **Printanière de légumes à l'estragon** Yaourt brassé nature au coulis de framboises

Tout ce qu'il faut savoir pour ne pas prendre de poids

Est-il vraiment possible d'être gourmand sans grossir ? OUI ! Car tout est une question d'équilibre entre la diversité et la quantité d'aliments que l'on consomme. Suivez-moi, vous vous régalerez sans prendre de poids !

Objectif n° 1 : se faire plaisir sans grossir

Il est interdit d'interdire !

Avant toute chose, sachez qu'il n'y a pas de bon ou de mauvais aliment. Tout est question de proportion : on peut donc manger de tout sans prendre de poids, y compris les aliments les plus gras ou les plus sucrés, en ayant bien conscience qu'une portion de chocolat ce n'est pas la tablette entière ou qu'une portion de chips, ce n'est pas le grand paquet !

Une portion raisonnable, c'est…

1 part de légumes = 80 g minimum
1 part de viande = 100 à 125 g
1 part de fromage = 30 à 40 g maximum
1 part raisonnable de chocolat = 10 à 20 g maximum (1 gros carré ou 2 moyens)
1 part de crème glacée = 2 boules

Halte aux régimes !

Attention aux régimes draconiens qui reposent sur la privation et bannissent certains aliments sous prétexte qu'ils font grossir. Rien de tel pour éprouver de la frustration que vous comblerez à la moindre occasion… pour mieux vous priver ensuite comme pour vous punir d'avoir succombé au plaisir. Résultat, votre poids joue au yoyo et vous n'êtes jamais satisfait. Suivez plutôt mes conseils pour apprendre à manger de tout sans prendre de poids pour autant.

Diversifier pour se régaler

Pour ne pas prendre de poids, il suffit d'avoir une alimentation équilibrée et variée. Alors faites preuve d'imagination ! Et pour découvrir de nouvelles saveurs, changer vos habitudes alimentaires, bien vous nourrir, testez mes recettes… et faites un peu d'exercice. Voilà le régime idéal pour garder la forme longtemps.

Le saviez-vous ?
La gourmandise peut être votre alliée minceur

Quand on est gourmand, et gourmet, manger est un plaisir. Et ce plaisir est très important pour garder un poids de forme stable : en effet, des études sérieuses prouvent qu'en mangeant ce qu'on aime, on est plus vite rassasié. Pourquoi ? Parce que le cerveau déclenche rapidement les hormones du plaisir qui agissent sur les sensations de faim et de satiété. Ainsi, spontanément, on réduit les quantités lorsqu'on mange avec satisfaction et contentement. Le tout est d'apprendre à être attentif à ce qu'il y a dans votre assiette, à savourer plutôt que d'engloutir, et à écouter les signaux de satiété que votre estomac ne manque pas de vous envoyer. Cela vous évitera de vous resservir machinalement.

Objectif n° 2 : être bien dans sa peau

Balancez la balance !

Croyez-moi : l'essentiel est de se sentir bien dans sa peau. Il n'y a rien de pire que d'être obsédé par son poids et de garder l'œil rivé sur l'aiguille de la balance ! Bien sûr, il ne s'agit pas de vous gaver, mais de manger de tout avec plaisir et sans vous sentir coupable. La gourmandise n'est pas un péché !

Ma promesse

Quelques kilos en trop ? Un peu de ventre qui ne vous plaît pas ? Envie de rentrer dans votre maillot de bain ou votre jean de l'année dernière ? Ou tout simplement, désir de vous laisser aller à votre gourmandise sans mauvaise conscience ? Rien de plus simple ! En suivant mes conseils, vous retrouverez rapidement le chemin d'une alimentation savoureuse et saine. Et je vous promets que vous ne prendrez pas un gramme. Mieux encore, si vous êtes en surpoids, vous vous débarrasserez en douceur de vos kilos superflus.

Objectif n° 3 : allier plaisir et santé

Diététique, kézako ?

Vous n'y connaissez rien en diététique ? La science de l'alimentation repose pourtant sur des principes simples et faciles à appliquer. L'essentiel est de savoir que les aliments sont répartis en 6 familles, représentées dans une pyramide qui symbolise les proportions que chaque famille doit prendre au sein d'une alimentation équilibrée : les féculents, les fruits et légumes, les produits laitiers, les viandes/poissons/œufs, les matières grasses et les produits sucrés. Toutes participent à votre équilibre nutritionnel, vous devez donc manger chaque jour des aliments de ces 6 catégories, mais dans des proportions différentes et en respectant les besoins de votre corps. Suivez le guide !

La pyramide de l'équilibre alimentaire

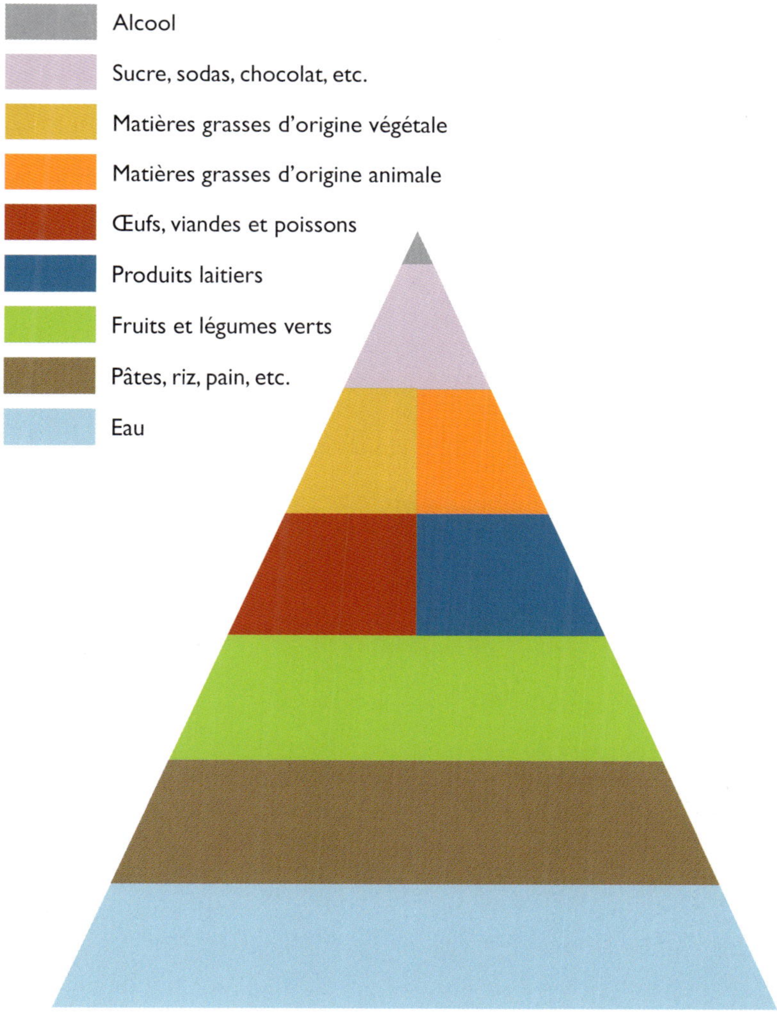

FRUITS ET LÉGUMES

5 par jour

Impossible de l'ignorer encore : il faut manger au moins 5 fruits et légumes différents par jour ! Pourquoi ? Parce qu'ils sont pauvres en calories mais riches en bien d'autres choses :

– **EN FIBRES,** notamment, qui jouent un rôle essentiel dans la régulation de l'appétit et du poids et qui facilitent le transit intestinal ;

– **EN VITAMINES,** indispensables au bon fonctionnement de l'organisme et qui aident à lutter contre les infections ;

– **EN MINÉRAUX,** comme le magnésium, le potassium ou le phosphore, dont nous avons besoin pour l'activité musculaire et l'équilibre nerveux.

Cette combinaison de 5 fruits et légumes par jour est notre atout forme et bien-être !

Variez les plaisirs

Vous les apprécierez sous toutes leurs formes : purées, potages, crudités, poêlées, frais, cuits, en compotes ou pressés…

Choisissez-les de préférence frais, en conserve ou surgelés « nature ». Les légumes cuisinés (du traiteur ou surgelés) sont bien plus gras et plus salés : à n'utiliser qu'en dépannage.

1 fruit, c'est...

1 pomme, 1 poire, 1 jus d'orange frais, 1 banane ou 1 pêche • 2 kiwis ou 2 clémentines • 1 poignée de raisins ou de cerises • 1 bol de fraises ou de framboises • ¼ d'ananas ou de melon • 3 prunes ou 3 abricots • 1 verre de smoothie frais

1 légume, c'est

1 ramequin de carottes râpées ou de betteraves rouges • 1 petite assiette de salade verte • 1 bol de soupe • 1 petite boîte de haricots verts (frais ou en conserve) • 2 cuillerées de ratatouille • ⅓ de concombre • 1 tomate en salade

1 fruit ou légume = 80 g environ
5 fruits et légumes = 400 g, soit :
Petit déjeuner : 1 jus d'orange
Déjeuner : salade verte + compote de fruits
Dîner : potage de légumes + salade d'oranges

Aucune excuse !

Si vous n'aimez pas les légumes cuits, mangez des crudités ou même des fruits. Vous avez la flemme d'éplucher des fruits ? Consommez-les en conserve, au sirop, en compote, pressés ou en jus. Vous n'avez pas le temps de cuisiner ? Pensez aux briques et sachets de soupe, à la salade lavée sous vide, aux purées de légumes surgelées… Autrement dit, ne vous cherchez pas de mauvaises excuses ! Et n'allez pas dire que les légumes et les fruits, c'est toujours pareil : avec mes recettes, je vous prouve le contraire.

À retenir

- Les compotes « sans sucre ajouté » et les jus de fruits 100 % pur jus ne contiennent que le sucre du fruit.
- Commencer le repas par une crudité ou une soupe aide à calmer la faim rapidement.
- La cuisson à la vapeur ou à l'étouffée préserve mieux les vitamines et les minéraux.
- Les pommes de terre et le maïs sont considérés comme des féculents et non pas comme des légumes (voir p. 31).
- Le seul légume gras est l'avocat : 15 à 20 % de graisses, mais il s'agit de graisses végétales insaturées, bonnes pour le cœur ! Vous pouvez donc en manger de temps en temps (1 fois par semaine) sans prendre du poids.

PRODUITS LAITIERS

À chaque repas

Ils sont indispensables car riches en calcium, essentiel à la constitution du squelette et au renouvellement cellulaire du tissu osseux tout au long de notre vie. Le calcium joue également un rôle dans la coagulation sanguine, l'activité musculaire et les fonctions hormonales. Si je vous dis que l'organisme élimine chaque jour une partie du calcium qu'il contient, vous comprendrez pourquoi il est impossible de faire l'impasse sur les produits laitiers.

1 produit laitier, c'est...

1 verre de lait • 1 portion de fromage (30 g) • 1 laitage : yaourt nature ou aux fruits, fromage blanc, flan, crème dessert, gâteau de riz • du fromage râpé ou du parmesan sur des pâtes • du lait ou du fromage dans une préparation : purée, sauce Béchamel, quiche, légumes gratinés, pizza

Les vrais et les faux

Privilégiez les yaourts et fromages blancs nature : ce sont vos alliés minceur. Vous pouvez même y ajouter un peu de sucre, de miel ou de confiture sans prendre de poids…
En revanche, certains laitages, comme les petits pots de crème et les îles flottantes, sont bien plus gras et plus sucrés : faites preuve de modération. Sachez enfin que d'autres desserts pourtant vendus au rayon frais (profiteroles et mousses au chocolat) ne sont pas des produits laitiers : ils ne contiennent pas de lait.

Tableau comparatif des laits (pour 1 verre de 15 cl)

	Vache (1/2 écrémé)	**Chèvre (1/2 écrémé)**	**Brebis***	**Soja** (enrichi en calcium)**
Valeur énergétique	70 Kcal	63 Kcal	143 Kcal	60 Kcal
Teneur en calcium	187 mg	190 mg	270 mg	180 mg

* Le lait de brebis n'existe pas en version demi-écrémé.
** Tous les laits de soja ne sont pas enrichis en calcium.

Quid du soja ?

Les yaourts au soja ne contiennent pas de lait de vache ou de brebis mais ils sont enrichis en calcium. Ils peuvent donc remplacer votre yaourt classique, surtout en cas d'allergie au lait de vache.

Fromage : gare aux abus !

Si le fromage est riche en calcium, il est aussi riche en graisses. Mais il est malgré tout possible de manger du fromage sans prendre de poids : je vous conseille d'en consommer sans excès et de varier les plaisirs. Par exemple, plutôt que de proposer un plateau de plusieurs fromages, contentez-vous d'en mettre un seul sur la table et servez-vous en quantité raisonnable (l'équivalent de 1/8e de camembert).

Mes conseils pour ne pas prendre de poids

- Évitez de manger du fromage à chaque repas : 1 fois par jour, c'est bien suffisant !
- Accro au fromage ? Renoncez de temps en temps à la viande et faites-vous plaisir avec une double ration de fromage.

Bon à savoir

> Les fromages les plus riches en calcium sont les fromages à pâte cuite : gruyère, parmesan, comté, emmental, etc.
> Le camembert est moins gras que le gruyère (20 % de graisses contre 28 %).
> Le beurre et la crème fraîche ne sont pas considérés comme des produits laitiers mais des matières grasses d'origine laitière. Ils ne contiennent presque pas de calcium.
> 1 portion de fromage = 30 g, soit 1/8e de camembert ou une lamelle de 0,5 cm d'épaisseur de fromage cuit.
> Le lait écrémé est aussi riche en calcium que le lait entier.

Tableau comparatif des valeurs caloriques pour 1 part (30 g)

Gruyère	117 Kcal
Camembert	84 Kcal
Roquefort	120 Kcal
Gouda/Mimolette	105 Kcal
Brie/Coulommiers	83 Kcal
Chèvre frais	50 Kcal
Brebis des Pyrénées	115 Kcal

FÉCULENTS

À chaque repas

Parce qu'ils nous fournissent du glucose, combustible de toutes nos cellules, ils représentent notre première source d'énergie. Pain, biscottes, pâtes, riz, pommes de terre, semoule, quinoa, boulgour et autres céréales permettent d'éviter les petits creux et les envies de sucre entre les repas. Ne vous les interdisez pas !

1 portion de féculents, c'est

⅓ de baguette • 5 biscottes ordinaires •
1 petit bol de céréales de petit déjeuner •
3 petites pommes de terre • ⅓ d'assiette de frites, pommes duchesse ou pommes noisette •
½ assiette de pâtes, riz, semoule, blé, quinoa, légumes secs

Tout est dans l'assaisonnement

Pour ne pas prendre de poids, faites attention à l'assaisonnement : 1 noisette de beurre ou 1 petite cuillerée d'huile suffisent largement pour donner du goût à une assiette de pâtes ! Vous voulez varier les plaisirs ? Préférez la sauce tomate aux sauces à base de crème. Et n'oubliez pas les herbes et les épices qui donnent de la saveur et réveillent les papilles. Dans tous les cas, réduisez votre consommation de fritures et rissolages : les aliments se gorgent de graisses comme des éponges !

Pour vous donner une idée :

100 g de pommes de terre vapeur = 90 Kcal
100 g de pommes de terre frites = 350 Kcal
100 g de chips = 550 Kcal

Quelle quantité ?

Tout dépend de votre activité physique. Vous travaillez dans un bureau, êtes assis presque toute la journée ? Une portion de féculents (ou un morceau de pain) par repas suffit amplement. Si votre métier vous oblige à bouger davantage ou si vous faites du sport, vous pouvez vous permettre deux portions par repas.

Idées reçues

- Les féculents font grossir :
  – **FAUX** : consommés en quantité raisonnable et cuisinés simplement, les féculents ne font pas grossir.

• Le riz constipe :

– **VRAI ET FAUX** : c'est l'eau de cuisson du riz qui constipe ! Si vous cuisez le riz à l'étouffée (risotto, riz pilaf ou dans un cuiseur à riz), lavez-le bien avant la cuisson pour éviter cet inconvénient. Si vous cuisez le riz à la créole, l'eau de cuisson est éliminée, il n'est alors pas nécessaire de laver le riz au préalable.

Pensez aux légumes secs

Lentilles, haricots rouges ou blancs, flageolets, pois cassés, fèves… sont riches en fibres, vitamines et minéraux : n'hésitez pas à les mettre à vos menus 2 fois par semaine. Et même plus encore si vous êtes végétarien, car ils apportent les protéines dont vous avez besoin.

Mes conseils pour ne pas prendre de poids

- Si vous mangez une belle assiette de féculents, réduisez la quantité de pain au même repas.

- Adepte des biscuits au petit déjeuner ? Choisissez ceux qui sont riches en céréales (type petit-beurre) plutôt que les cookies, viennoiseries et autres cakes, bien plus riches en matières grasses.

VIANDES/POISSONS/ ŒUFS

1 ou 2 parts par jour

Ils nous fournissent les protéines, éléments de base de toute cellule vivante qui participent au renouvellement quotidien de la peau, des ongles, des cheveux et des tissus musculaires.

1 part de « viande », c'est

100 à 125 g de bœuf, veau, agneau, porc... • 100 à 125 g de volaille • 100 à 150 g de poisson • 2 œufs • 2 tranches de jambon

Le saviez-vous ?

En France nous mangeons trop de viande, ce qui entraîne un apport excessif en protéines. Si vous consommez une part de viande ou de poisson le midi, une petite part suffit pour le diner : par exemple, 1 tranche de jambon, 1 œuf à la coque...

Viande ou œuf ?

Toutes les viandes contiennent des graisses en proportion variable. L'essentiel est d'alterner viande rouge (bœuf, cheval) et viande blanche (porc, lapin, volaille, veau).

Pensez également aux œufs 1 à 2 fois par semaine : à la coque, en omelette, au plat, en cocotte... Ils sont vite préparés, pas chers et contiennent des protéines d'excellente qualité !

Le poisson, c'est tout bon !

Je vous conseille d'en manger au moins 2 ou 3 fois par semaine ! Le poissonnier du coin comme les grandes enseignes vous vident les poissons ou vous proposent des filets sans arêtes, faciles à cuisiner et plein de bonnes choses pour la santé. Rien ne vous empêche d'ouvrir une boîte de thon au naturel ou de maquereaux à la moutarde : accompagnés de crudités, ils feront parfaitement l'affaire !

En revanche, attention aux sardines à l'huile ou au thon à l'huile, très gras et donc très caloriques.

Les poissons blancs (colin, daurade, lieu, etc.) sont pauvres en graisses alors que les poissons gras (saumon, sardines, harengs, etc.) contiennent des graisses insaturées (les fameux oméga 3) qui protègent le cœur et ses vaisseaux.

Idées reçues

- La viande rouge est toujours plus grasse que la viande blanche :
  - **FAUX** : certaines viandes rouges sont très maigres (rosbif par exemple) alors que la volaille, consommée avec la peau, sera plus grasse.

- Le poisson est moins nourrissant que la viande :
  – **FAUX** : tous les poissons sont riches en protéines. Le poisson se digère plus rapidement et plus facilement que la viande, d'où l'apparition de petit creux en fin d'après-midi. Pour éviter cet inconvénient, accompagnez-le de féculents.

Charcuterie avec parcimonie...

Saucisson, saucisse, pâté, andouillette, boudin blanc ou noir… Même si la charcuterie est nettement plus grasse que la viande, elle peut la remplacer de temps en temps. Mais dans ce cas, soyez raisonnable : pas de pâtisserie en dessert.

Mes conseils pour ne pas prendre de poids

- Évitez les produits panés qui absorbent les graisses à la cuisson (nugget de poulet, cordon bleu, poisson pané, beignet de calamars).
- Enlevez la peau des volailles, le « gras » du jambon et de l'entrecôte.
- Préférez les charcuteries peu grasses (jambon blanc, rondelles de bacon maigre) aux rillettes, pâtés et saucissons plus riches en graisses.
- Choisissez des steaks hachés à 5 % de matières grasses que vous pouvez faire cuire au gril.

MATIÈRES GRASSES

En petite quantité !

Impossible de les bannir de notre alimentation puisqu'elles participent à la fabrication de nos cellules. Mais elles sont très caloriques et, consommées en excès, sont stockées sous forme de graisse. Alors, apprenez à doser les quantités ! 2 noix de beurre et 3 cuillerées à soupe d'huile par jour suffisent amplement à l'équilibre alimentaire.

On trouve 10 g de graisse dans...

1 cuil. à soupe d'huile de colza, de tournesol, etc. • 1 noix de beurre ou de margarine • 2 noix de beurre ou de margarine allégés • 1 cuil. à soupe de crème fraîche • 1 cuil. à café de mayonnaise

Vive les graisses d'origine végétale !

Elles contiennent des acides gras essentiels, très bénéfiques pour la santé. Tournesol, olive, noix, colza… toutes ces huiles sont excellentes. L'idéal est de les alterner pour profiter des propriétés de chacune. Certaines huiles s'utilisent à froid uniquement (colza, noix, soja), d'autres peuvent être utilisées pour la cuisson et l'assaisonnement : tournesol, olive, arachide…

Beurre et crème fraîche sont des matières grasses

Même s'ils sont fabriqués à partir de lait, ils ne sont pas considérés comme des laitages. Privilégiez le beurre cru, à étaler sur les tartines du petit déjeuner ou à faire fondre sur les pâtes ou les légumes. Et dites oui à la crème… mais allégée !

Mes conseils pour ne pas prendre de poids

- 1 cuil. à soupe de vinaigrette pour assaisonner vos crudités, c'est amplement suffisant.
- Vous succombez devant un pot de mayonnaise, de béarnaise et autres sauces bien grasses ? Optez pour leur version « allégée » ou, mieux, préparez-en une avec un yaourt ou du fromage blanc.
- Adoptez la cuisson dans une poêle antiadhésive, un cuiseur-vapeur, un wok, ou encore en papillote pour limiter les excès de graisses cuites.

PRODUITS SUCRÉS

Juste pour le plaisir !

Le sucre est souvent désigné comme l'ennemi n° 1 de notre ligne car, consommé à l'excès, il est facteur d'obésité. De là à s'interdire la moindre douceur, il y a plus d'un pas. Mais apprenez à doser votre plaisir et contentez-vous de 30 à 40 g de sucre par jour.

30 g de sucre c'est...

6 sucres ou 6 bonbons • 1 barre chocolatée ou 1 canette de soda • 50 g de confiture (2 cuil. à dessert bombées) • 3 boules de sorbet citron

Le plaisir sans prendre de poids

Un seul mot d'ordre : la modération. Vous pouvez parfaitement ajouter un peu de sucre ou de miel dans vos desserts (laitages, salades de fruits, etc.) et vos boissons chaudes, mais ayez la main légère. Vous ne résistez pas à un morceau de chocolat en fin de repas ? Savourez-le sans culpabilité : ce ne sont pas 50 malheureuses calories qui vont vous faire prendre du poids. Et en plus, c'est bon pour le moral !

Le « light » : vraiment léger ?

En pastille ou en poudre, les édulcorants ne contiennent pas de calories. Bonne nouvelle : ils remplacent le sucre dans les boissons « light », vous pouvez donc en boire sans mauvaise conscience ; vous profiterez du goût du sucre, sans les calories.

En revanche, méfiez-vous des bonbons ou chewing-gums dits « sans sucre » : ils ne contiennent pas de sucre classique (saccharose) mais d'autres sucres aux noms barbares (polyols, isomalt...) et les calories qui vont avec.

Mes conseils pour ne pas prendre de poids

- 2 carrés de chocolat sur un morceau de pain, c'est meilleur pour la santé et pour la ligne que la pâte à tartiner chocolatée.
- Craquez pour les barres chocolatées uniquement si vous avez une vraie activité sportive.
- Méfiez-vous des glaces américaines, plus grasses et plus sucrées que les autres.

QUE FAUT-IL BOIRE ?

De l'eau à volonté !

C'est votre alliée minceur par excellence. N'hésitez pas : buvez 1 à 1,5 litre d'eau par jour, soit 1 ou 2 verres à table et le reste entre les repas. L'eau plate vous déprime ? Essayez les eaux gazeuses ou aromatisées, buvez des boissons chaudes (thé, café léger, infusion) peu ou pas sucrées.

Eau minérale, de source ou du robinet ?

Aucune eau n'a la propriété de faire maigrir mais elle aide à éliminer les toxines de l'organisme. Certaines eaux minérales apportent du calcium ou du magnésium, ce qui peut être intéressant en cas de besoins accrus (grossesse par exemple). L'eau du robinet est, quant à elle, la moins chère de toutes ! Choisissez donc votre eau selon votre budget et vos besoins !

L'abus d'alcool est dangereux pour la ligne

Vins, bières et alcools forts ne se contentent pas de modifier notre comportement, ils sont aussi très riches en calories. Raison de plus pour les consommer avec modération.

Il y a autant d'alcool dans...

1 verre de vin (rouge, rosé ou blanc) • 1 flûte de champagne • 1 demi de bière • 1 bolée de cidre • 1 dose de comptoir de pastis, whisky ou autre alcool fort

« 100% pur jus »

Optez pour les jus de fruits garantis « 100 % pur jus » et souvenez-vous qu'un verre équivaut à un fruit. Évitez les nectars : ils ne contiennent parfois que 25 % de fruits, tout le reste étant constitué d'eau… et de sucre !
Enfin, vous avez le droit de craquer pour des sodas, mais sachez qu'ils sont très (trop ?) riches en sucres, et donc très caloriques. Préférez les versions « light » : c'est 0 % de sucre et 0 calorie !

Bon à savoir

> Les sirops dilués avec de l'eau sont presque aussi sucrés que les sodas.
> Les eaux aromatisées peuvent contenir des sucres ajoutés : lisez bien les étiquettes.

MES CONSEILS DE DIÉTÉTICIENNE
POUR BIEN MANGER SANS PRENDRE DE POIDS

Mettez-vous à table

Je ne vous le dirai jamais assez : pour ne pas prendre de poids, il faut manger régulièrement, de tout et avec plaisir.
Et il suffit de respecter mes trois règles d'or :

– **1.** Prenez le temps de vous mettre à table pour faire un vrai repas, plutôt que d'avaler n'importe quoi en marchant.

– **2.** Apprenez à manger lentement. Mastiquez chaque bouchée, faites des pauses, éteignez la télévision, fermez votre magazine ou votre livre… afin de savourer les aliments et d'en apprécier toutes les qualités. Je vous promets que de cette façon vous réduirez peu à peu les quantités sans même vous en rendre compte !

– **3.** Structurez vos repas : 1 entrée + 1 plat principal + 1 dessert vous permettront de vous sentir rassasié et de ne plus avoir de fringales à n'importe quelle heure du jour.

Apprenez à bien cuisiner

Pour bien cuisiner, vous n'avez pas besoin d'être un « cordon-bleu » ! L'un de mes secrets pour une alimentation saine et équilibrée ? Les ustensiles et les modes de cuisson qui limitent l'emploi de matières grasses tout en préservant la saveur des aliments.

Mes ustensiles malins	
La poêle anti-adhésive et le gril	Pour cuire des viandes, grillades, omelettes, poissons… sans ajout de matière grasse
Le cuiseur-vapeur ou l'autocuiseur	Pour cuire des légumes verts, pommes de terre, poissons entiers…
Le four	Pour cuire des poissons en papillote, des pommes noisette ou des frites, des nems…
Le four à micro-ondes	Pour réchauffer les restes sans ajouter de matière grasse
Le wok	Pour réaliser des légumes sautés ou des préparations asiatiques
La plancha	Pour cuire des petites pièces de viande ou de poisson, des légumes…
Le pinceau et le papier absorbant	Pour graisser les poêles en limitant la matière grasse
Le papier d'aluminium	Pour cuire des poissons en papillote
Le papier sulfurisé	Pour réchauffer les quiches, tartes, nems… sans qu'ils collent à la plaque

Mes conseils pour ne pas prendre de poids

- Limitez les fritures et le rissolage.
- Accompagnez les quiches, pizzas et tourtes de salade ou de crudités.
- Apprenez à repérer les aliments gras : charcuterie, fromage, frites, beignets et n'en prenez jamais deux au cours d'un même repas.
- Préférez les frites au four aux frites traditionnelles.

On a le droit de craquer

Un petit creux en dehors des repas, ça peut toujours arriver et ce n'est pas un drame ! Comblez-le de préférence avec un fruit ou même deux biscuits, ça vaut mieux que de vous jeter sur la nourriture au moment du repas ou de grignoter n'importe quoi nerveusement pour patienter. Picorez des bâtonnets de légumes ou de surimi, des tomates cerise, des cubes de melon, des grains de raisins… Aucune incidence sur votre poids !

Toutes les exceptions sont permises

Bien sûr, il est important de veiller à avoir une alimentation saine et variée le plus régulièrement possible. Mais l'équilibre alimentaire ne se construit pas en un jour. Cela signifie que vous pouvez parfaitement faire un repas très riche lors d'une invitation par exemple : ça n'aura aucune conséquence sur votre poids et sur votre forme si vous mangez plus légèrement le lendemain.

En résumé

- Manger avec plaisir sans prendre de poids, c'est possible !
- Se régaler en diversifiant son alimentation, c'est possible !
- Rester mince ou perdre du poids en étant gourmand, c'est possible !

Recettes

Courgettes en carpaccio au curry

Préparation 25 minutes
Cuisson 5 minutes
Coût*
Difficulté***

LES INGRÉDIENTS POUR 4 PERSONNES

3 courgettes, pas trop grosses et bien fermes

Pour la sauce
3 gousses d'ail
¼ de poivron jaune
¼ de poivron rouge
½ botte de coriandre + pour le décor
Le jus de ½ citron
½ cuil. à café de curry
½ cuil. à café de sucre
5 cuil. à soupe d'huile d'olive + pour la poêle
Sel, poivre

Un menu équilibré

Courgettes en carpaccio au curry
Poulet basquaise
Riz blanc
Saint-Marcellin
Salade de fruits de saison

Bon à savoir

Dans cette recette, les courgettes sont mi-cuites, ce qui permet de conserver au maximum les vitamines et minéraux qu'elles renferment !

1 Essuyez les courgettes et éliminez les extrémités. Avec un couteau ou une mandoline, détaillez les courgettes en tranches fines, dans le sens de la longueur. Faites bouillir une belle casserole d'eau salée. Plongez les courgettes, remuez délicatement. Comptez 40 sec et égouttez les lamelles rapidement. Plongez-les dans de l'eau froide puis égouttez-les.

2 Épluchez les gousses d'ail et émincez-les. Faites-les dorer dans un peu d'huile d'olive, à feu doux. Hachez finement les poivrons. Hachez la coriandre.

3 Dans un bol, fouettez l'ail doré avec les poivrons, le jus de citron, la coriandre, l'huile d'olive, le curry, le sucre, du sel, du poivre et 2 cuil. à soupe d'eau froide. Goûtez et rectifiez l'assaisonnement si nécessaire.

4 Étalez les tranches de courgettes dans des assiettes en évitant qu'elles se chevauchent. Salez, poivrez et nappez-les de sauce. Laissez reposer quelques minutes, décorez avec un peu de coriandre et servez.

Velouté de potimarron aux herbes

Préparation 20 minutes
Cuisson 20 minutes
Coût*
Difficulté**

LES INGRÉDIENTS POUR 6 PERSONNES

2 oignons
1,2 kg de potimarron
1 pomme de terre
20 cl de crème de soja
1 botte de ciboulette
1 botte de cerfeuil
3 cuil. à soupe d'huile de noix
1 cuil. à soupe d'huile d'olive vierge
Sel, poivre noir

Un menu équilibré

Velouté de potimarron aux herbes
Omelette au jambon
Coquillettes au beurre + fromage râpé
Poire

Bon à savoir

Le potimarron est un légume à la saveur douce, appréciée des petits comme des grands !

1 Épluchez et hachez les oignons. Pelez le potimarron et la pomme de terre et coupez-les en cubes. Dans un faitout, faites chauffer l'huile d'olive à feu modéré et faites revenir les oignons pendant 1 min. Ajoutez le potiron, la pomme de terre et 1,35 l d'eau. Couvrez, portez à ébullition, puis laissez cuire à petit feu et à couvert pendant 20 min environ. Lorsque les légumes sont cuits et bien mous, égouttez-les en conservant le jus de cuisson. Filtrez et réservez-le.

2 Passez les légumes cuits au mixeur pour obtenir une purée aussi fine que possible. Placez-la dans une casserole et ajoutez du liquide de cuisson filtré pour obtenir l'épaisseur désirée. Portez la soupe à ébullition, puis ôtez du feu. Ajoutez la crème de soja.

3 Hachez la ciboulette et le cerfeuil. Au moment de servir la soupe, remettez-la sur le feu, ajoutez en mélangeant et sans faire bouillir la ciboulette, le cerfeuil et l'huile de noix. Salez (un peu), poivrez à votre goût et servez bien chaud.

Feuilletés chèvre-épinards

Préparation 20 minutes
Cuisson 20 minutes
Coût**
Difficulté*

LES INGRÉDIENTS POUR 4 PERSONNES

2 rouleaux de pâte feuilletée
1 gousse d'ail
1 échalote
250 g de pousses d'épinards
30 g de parmesan râpé
1 œuf entier + 1 jaune
4 cabécous
10 g de beurre pour la poêle
Sel, poivre du moulin

Un menu équilibré

Soupe orange (recette p. 54)
Feuilletés chèvre-épinards
Salade d'endives
Compote aux 3 pommes

Astuce

Pour un feuilleté plus léger, n'utilisez qu'un rouleau de pâte. Garnissez les carrés d'épinards et ramenez les 4 coins vers le centre.

Bon à savoir

La pâte feuilletée est riche en matières grasses : ne prévoyez pas d'autre aliment gras au même repas !

1 Préchauffez le four à 200 °C (th. 6-7). Taillez un grand carré dans chaque rouleau de pâte feuilletée en éliminant les bords arrondis, puis détaillez-les en quatre petits carrés.

2 Pelez et émincez finement l'ail et l'échalote. Dans une poêle, faites chauffer le beurre. Quand il est mousseux, ajoutez l'ail et l'échalote. Laissez revenir 1 min, puis ajoutez les épinards et laissez sur le feu tout en remuant jusqu'à ce qu'ils soient comme fondus.

3 Versez les épinards dans un bol. Salez, poivrez, ajoutez le parmesan et l'œuf entier battu.

4 Répartissez les épinards au centre de quatre carrés de pâte feuilletée. Déposez les cabécous sur les épinards, recouvrez d'un deuxième carré de pâte, puis refermez en ourlant les bords. Scellez-les en les pinçant.

5 Badigeonnez de jaune d'œuf et déposez les feuilletés sur la plaque du four recouverte de papier sulfurisé. Enfournez pour 20 min.

Poireaux marinés au vinaigre balsamique

Préparation 25 minutes
Cuisson 30 minutes
Marinade 1 heure
Coût*
Difficulté*

LES INGRÉDIENTS POUR 4 PERSONNES

12 poireaux
5 cuil. à soupe de sauce soja
1 botte de coriandre
3 oignons nouveaux
5 cuil. à soupe de vinaigre balsamique
4 cuil. à soupe d'huile d'olive
Poivre

Un menu équilibré

Poireaux marinés au vinaigre balsamique
Steak haché au gril
Polenta sauce tomate
Brie
Kiwis

Bon à savoir

La sauce soja contient beaucoup de sel : inutile d'en ajouter !

1 Faites bouillir une grande marmite d'eau salée. Coupez les racines et une bonne partie du vert des poireaux. Nettoyez-les soigneusement pour éliminer le sable, puis ficelez-les trois par trois. Plongez les poireaux dans l'eau et laissez-les cuire, sans couvrir, pendant 25 à 30 min.

2 Quand les poireaux sont cuits, égouttez-les et plongez-les dans un grand volume d'eau froide pendant quelques minutes. Égouttez-les à nouveau. Éliminez les ficelles.

3 Coupez les poireaux en deux dans le sens de la longueur et placez-les dans quatre assiettes.

4 Dans un bol, mélangez le vinaigre, la sauce soja, l'huile d'olive, la botte de coriandre et les oignons hachés. Poivrez et répartissez sur les poireaux. Laissez mariner 1 h et servez.

Soupe orange

Préparation 15 minutes
Cuisson 30 minutes
Coût*
Difficulté*

LES INGRÉDIENTS POUR 6 PERSONNES

300 g de pommes de terre bintje ou BF15
1 botte de jeunes carottes
1 l de bouillon de volaille
1 oignon
1 bouquet garni
40 g de beurre demi-sel
Les zestes fins de ½ orange non traitée
Sel, poivre du moulin

Un menu équilibré

Soupe orange
Hachis Parmentier (recette p. 78)
Salade verte
Fromage blanc nature

Bon à savoir

Les carottes sont riches en provitamine A, bonne pour la peau et pour la vision.

1 Pelez les pommes de terre et les carottes, puis coupez-les en cubes. Versez-les dans une casserole avec le bouillon de volaille, l'oignon pelé et coupé en quatre ainsi que le bouquet garni. Couvrez et laissez cuire à feu doux 30 min.

2 Pendant ce temps, à la fourchette, mélangez le beurre avec les zestes d'orange.

3 Ôtez le bouquet garni et mixez la soupe. Si elle est un peu épaisse, allongez-la avec un peu d'eau. Goûtez et rectifiez l'assaisonnement en sel.

4 Versez dans des assiettes creuses et servez bien chaud avec 1 noix de beurre à l'orange et un tour de moulin à poivre.

Tarte aux poireaux et au curry

Préparation 30 minutes
Cuisson 1 heure
Coût*
Difficulté*

LES INGRÉDIENTS POUR 6 PERSONNES

1 rouleau de pâte brisée
500 g de blancs de poireaux
100 g d'échalotes
1 cuil. à soupe rase de curry en poudre
6 œufs
100 g de fromage râpé
250 g de crème fraîche allégée
200 g de ricotta
2 cuil. à soupe d'huile d'olive
Sel, poivre du moulin

Un menu équilibré

Tarte aux poireaux et au curry
Ailes de raie, sauce aux câpres
Riz sauvage
Pomme au four

Pour varier

Vous pouvez également consommer la tarte aux poireaux en plat principal (1/4 de quiche par personne) accompagnée d'une belle salade verte.

1 Préchauffez le four à 180 °C (th. 6). Étalez la pâte brisée et garnissez un moule à tarte en conservant le papier sulfurisé. Pincez les bords et piquez le fond avec une fourchette. Enfournez et laissez cuire 15 min.

2 Pendant ce temps, coupez les blancs de poireaux en tronçons de 0,5 cm d'épaisseur et lavez-les soigneusement, puis égouttez-les. Pelez et émincez les échalotes. Faites chauffer l'huile d'olive dans une sauteuse et faites revenir les échalotes 3 min sans qu'elles ne prennent couleur. Ajoutez les poireaux, salez, poivrez, saupoudrez de curry et mélangez. Couvrez et laissez cuire sur feu doux pendant 15 min.

3 Dans un saladier, fouettez les œufs avec le fromage râpé, la crème fraîche allégée et la ricotta jusqu'à obtenir un mélange homogène. Salez et poivrez. Étalez les poireaux cuisinés sur le fond de tarte précuit. Couvrez de la préparation aux œufs. Enfournez et laissez cuire pendant 30 min.

Haricots verts al dente à l'oignon rouge et l'huile de noix

Préparation 35 minutes
Cuisson 5 minutes
Coût**
Difficulté**

LES INGRÉDIENTS POUR 4 PERSONNES

600 g de haricots verts extra-fins, extra-frais
½ oignon rouge
2 cuil. à soupe de vinaigre de Xérès
1 cuil. à soupe de sauce soja
4 cuil. à soupe d'huile de noix
1 cuil. à soupe de noix hachées
Sel, poivre

Un menu équilibré

Haricots verts al dente à l'oignon rouge et l'huile de noix
Blanquette de veau
Pommes de terre vapeur
Fromage blanc faisselle + coulis de fruits rouges

Bon à savoir

L'huile de noix est riche en acides gras polyinsaturés et s'utilise uniquement à froid (en assaisonnement).

1 Équeutez les haricots. Préparez un bon volume d'eau froide mélangée à des glaçons. Faites bouillir 75 cl d'eau. Jetez les haricots dans l'eau bouillante et laissez cuire pendant 2 à 4 min. Goûtez-les en cours de cuisson. Lorsqu'ils sont cuits (mais quand même un peu croquants), videz-les dans une passoire et plongez-les dans l'eau glacée pendant 2 min environ, puis égouttez-les.

2 Épluchez et émincez finement l'oignon. Dans un saladier, mélangez l'oignon et le vinaigre, puis laissez ainsi environ 10 min. Ajoutez ensuite la sauce soja, l'huile de noix, les noix hachées, du sel et du poivre.

3 Mélangez les haricots avec la vinaigrette et servez sans attendre car la vinaigrette a tendance à les faire ramollir.

Côtelettes d'agneau grillées au thym frais

Préparation 30 minutes
Cuisson 5 minutes
Coût**
Difficulté*

LES INGRÉDIENTS POUR 4 PERSONNES

12 côtes d'agneau
6 poivrons de couleurs différentes (vert, rouge, jaune)
2 cuil à soupe d'herbes fraîches (ciboulette, estragon, cerfeuil)
2 gousses d'ail
1 branche de thym frais
4 cuil. à soupe de vinaigre balsamique
4 cuil. à soupe d'huile d'olive
Sel, poivre

Un menu équilibré

Salade de pommes de terre à la feta et à la ciboulette
Côtelettes d'agneau grillées au thym frais
Salade de mâche
Fraises au citron

Bon à savoir

Les côtelettes d'agneau font partie des viandes grasses : ne prévoyez pas d'autre aliment gras au même repas.

1 Ouvrez les poivrons, ôtez-en les pépins et coupez-les en morceaux. Faites-les cuire pendant 15 min environ sur une grille de barbecue ou à la poêle, en les retournant souvent pour éviter qu'ils ne colorent trop. Hachez les herbes.

2 Quand les poivrons sont cuits, placez-les dans un saladier. Salez, poivrez, ajoutez l'huile d'olive, le vinaigre, les herbes hachées et mélangez. Laissez refroidir.

3 Épluchez les gousses d'ail ; ôtez le germe s'il y en a et hachez les gousses. Huilez légèrement les côtelettes d'agneau puis répartissez l'ail haché et les feuilles de thym frais sur celles-ci. Salez, poivrez et faites cuire les côtelettes au-dessus d'un foyer bien chaud, d'un gril ou sinon d'une poêle. Comptez 2 à 3 min sur chaque face des côtelettes, pas plus.

4 Servez bien chaud avec la salade de poivrons grillés.

Veau au citron

Préparation 20 minutes
Cuisson 50 minutes
Coût***
Difficulté*

LES INGRÉDIENTS POUR 4 PERSONNES

800 g de sauté de veau
1 oignon rouge
1 citron confit
1 bouquet de coriandre
1 cube de bouillon
Huile d'olive
Sel, poivre

Un menu équilibré

Taboulé à la menthe
Veau au citron
Aubergines grillées
Yaourt aux fruits

Le truc en plus

Pensez à enlever le « gras » visible de la viande avant de l'ajouter dans la cocotte.

1 Épluchez l'oignon et coupez-le finement. Mettez un filet d'huile d'olive dans une cocotte et faites revenir l'oignon 5 min, jusqu'à ce qu'il soit translucide. Coupez le citron confit en petits dés. Effeuillez la coriandre.

2 Ajoutez la viande dans la cocotte et faites-la colorer légèrement en la retournant régulièrement.

3 Versez de l'eau pour couvrir la viande juste à hauteur. Ajoutez le cube de bouillon, les petits dés de citron confit et les feuilles de coriandre.

4 Couvrez et laissez cuire 45 min à feu moyen. Salez et poivrez avant de servir. Si la sauce est trop liquide, poursuivez la cuisson à découvert pour qu'elle s'évapore.

Bœuf aux carottes

Préparation 15 minutes
Cuisson 2 heure 30
Coût**
Difficulté*

LES INGRÉDIENTS POUR 4 PERSONNES

1 kg de bœuf (gîte ou paleron)
800 g de carottes
1 oignon
80 g de lard fumé
1 petite boîte de concentré de tomates (70 g)
50 cl de bouillon de volaille
40 cl de vin blanc
1 bouquet garni
30 g de beurre pour la cocotte
Sel, poivre du moulin

Un menu équilibré

½ pamplemousse
Bœuf aux carottes
Tagliatelles fraîches
Yaourt brassé nature

Bon à savoir

Si vous dégraissez la viande avant la cuisson et que vous respectez bien la quantité de beurre de cuisson, le bœuf aux carottes ne vous fera pas prendre 1 gramme !

1 Pelez les carottes et coupez-les en rondelles. Pelez et émincez l'oignon. Coupez la viande en gros morceaux. Coupez le lard en cubes. Diluez le concentré de tomates dans le bouillon de volaille.

2 Dans une cocotte, faites chauffer le beurre, puis faites revenir la viande avec le lard. Tournez les cubes de viande pour qu'ils soient bien dorés sur toutes les faces.

3 Arrosez avec le vin blanc et la moitié du bouillon. Ajoutez le bouquet garni, l'oignon et les carottes. Fermez la cocotte et laissez mijoter à feu doux pendant 1 h 15. Ajoutez le reste de bouillon et poursuivez la cuisson 1 h 15 à nouveau. Rectifiez l'assaisonnement en sel et poivre à la fin de la cuisson.

Filet de porc au lait de coco

Préparation 10 minutes
Cuisson 35 minutes
Coût*
Difficulté*

LES INGRÉDIENTS POUR 4 PERSONNES

1 beau filet mignon de porc (ou 2 petits)
½ cuil. à café de graines de coriandre
½ cuil. à café de graines de cumin
1 cuil. à café de poivre à steak (grossièrement concassé)
1 cuil. à soupe de mélange quatre-épices
20 cl de lait de coco
1 cuil. à soupe de gros sel

Un menu équilibré

Tomate à la vinaigrette
Filet de porc au lait de coco
Semoule de couscous + poêlée de courgettes
Flan aux œufs

Idée reçue

La viande de porc n'est pas toujours grasse : le filet mignon contient seulement 5 % de graisses !

1 Préchauffez le four à 200 °C (th. 6-7). Mélangez le gros sel avec les graines de coriandre, les graines de cumin et le poivre à steak.

2 Saupoudrez le mélange quatre-épices sur toute la surface du filet mignon. Mettez la viande dans un plat allant au four et saupoudrez le dessus avec le gros sel épicé.

3 Versez le lait de coco dans le plat et faites cuire au four 35 min.

Rôti de porc aux 40 gousses d'ail

Préparation 35 minutes
Cuisson 50 minutes
Coût**
Difficulté*

LES INGRÉDIENTS POUR 6 PERSONNES

1 rôti de porc maigre coupé dans la longe (1,7 kg)
5 têtes d'ail nouveau (40 gousses en tout)
1 branche de thym frais
Huile d'olive
Sel, poivre noir

Un menu équilibré

Salade de quinoa, concombre et tomates cerise
Rôti de porc aux 40 gousses d'ail
Purée de céleri à la crème
Beaufort
Pomme

Bon à savoir

L'ail renforce les défenses immunitaires, améliore la circulation sanguine et protège l'organisme contre certains cancers !

1 Préchauffez le four à 210 °C (th. 7). Placez le rôti de porc dans un plat, salez et poivrez. Séparez les gousses d'ail les unes des autres et répartissez-les, non pelées, dans le plat de cuisson. Arrosez d'un petit trait d'huile d'olive et émiettez dessus les feuilles de thym frais. Versez un petit verre d'eau (15 cl) dans le plat. Faites cuire au four pendant 50 min.

2 Au terme de la cuisson, sortez du four, versez un autre petit verre d'eau si le plat est sec, recouvrez de papier d'aluminium et laissez reposer 15 min.

3 Découpez ensuite le rôti en tranches et servez avec les gousses d'ail entières. Conseillez à vos convives d'écraser les gousses avec la fourchette pour en faire sortir une purée blanche et merveilleusement parfumée, pleine de bienfaits et à déguster en même temps que la viande.

Bœuf bourguignon

Marinade 12 heures
Préparation 40 minutes
Cuisson 2 heures 15
Coût***
Difficulté**

LES INGRÉDIENTS POUR 6 À 8 PERSONNES

2 kg de rond de gîte de bœuf coupé en morceaux
2 carottes
1 branche de céleri
3 oignons
3 gousses d'ail
1,5 l de vin rouge
10 grains de poivre
2 clous de girofle
3 cuil. à soupe de farine
50 cl de bouillon maigre (de bœuf, de poulet ou de légumes)
1 gros bouquet garni
200 g de champignons de Paris cuits
200 g de petits oignons cuits
½ botte de persil plat
3 cuil. à soupe d'huile d'olive
Sel, poivre noir

Un menu équilibré

Chou rouge à la vinaigrette
Bœuf bourguignon
Pommes de terre à la vapeur
Fromage blanc nature

1 Épluchez et lavez les carottes, la branche de céleri et les oignons, puis coupez-les en dés. Épluchez les gousses d'ail. Placez le tout dans un saladier et recouvrez avec le vin. Ajoutez les grains de poivre et les clous de girofle. Laissez mariner 12 h au frais. Égouttez et séparez la viande et les légumes en conservant le jus de la marinade. Dans une poêle chauffée à feu modéré avec l'huile d'olive, faites dorer la viande, puis les légumes, respectivement 10 min. Réunissez-les dans une cocotte, ajoutez la farine, mélangez et laissez cuire 5 min en remuant.

2 Faites bouillir la marinade dans une casserole, écumez-la, puis versez-la dans la cocotte. Ajoutez le bouillon et le bouquet garni. Portez à ébullition, retirez la graisse en surface, salez et poivrez. Couvrez et laissez cuire 1 h 45 à feu très doux, puis égouttez.

3 Laissez cuire la sauce dans la cocotte 5 min en la dégraissant. Dans une poêle, faites sauter les champignons et les oignons. Ajoutez-les dans la cocotte. Hachez le persil. Ajoutez la viande et les légumes dans la sauce. Faites frémir sans laisser bouillir et ajoutez le persil.

Lapin mijoté aux champignons

Préparation 30 minutes
Cuisson 1 heure
Coût**
Difficulté**

LES INGRÉDIENTS POUR 4 À 6 PERSONNES

1 lapin en morceaux
200 g de champignons de Paris
200 g de girolles
200 g de cèpes
100 g de trompettes-de-la-mort
4 échalotes
1 gousse d'ail
1 cuil. à soupe de farine
20 cl de vin blanc sec
40 cl de fond de veau
2 cuil. à soupe de persil plat
2 belles noix de beurre
Huile d'arachide
Sel, poivre noir

Un menu équilibré

Bouillon aux vermicelles
Lapin mijoté aux champignons
Petits pois-carottes
Tartelette aux poires

1 Lavez tous les champignons rapidement à l'eau courante. Hachez finement les échalotes et la gousse d'ail. Salez et poivrez le lapin.

2 Dans une cocotte, faites chauffer un peu d'huile d'arachide et faites dorer tous les morceaux de lapin 15 min à feu vif. Ajoutez la farine, mélangez, puis réduisez légèrement le feu. Couvrez et laissez cuire ainsi pendant 10 min environ en retournant le lapin de temps en temps.

3 Ajoutez les échalotes et laissez-les cuire quelques minutes à feu doux sans les laisser brûler. Ajoutez tous les champignons. Mélangez, couvrez et laissez cuire 6 à 8 min à feu doux en mélangeant délicatement de temps en temps.

4 Versez le vin blanc. Faites bouillir, couvrez et laissez mijoter 5 min. Versez le fond de veau et laissez cuire lentement pendant 30 min à couvert. Ôtez la cocotte du feu. Retirez la graisse de la sauce avec une cuillère. Incorporez le beurre, le persil et l'ail en agitant délicatement avec une cuillère en bois. Servez.

Poulet rôti aux oignons

Préparation 35 minutes
Cuisson 50 minutes
Coût**
Difficulté*

LES INGRÉDIENTS POUR 4 À 6 PERSONNES

1 beau poulet fermier
1 tête d'ail nouveau
1 botte de basilic
3 bottes d'oignons nouveaux
1 citron vert
1 verre de vin blanc (20 cl)
1 cuil. à soupe de miel
4 cuil. à soupe d'huile d'olive
Sel, poivre

Un menu équilibré

Salade de riz au surimi
Poulet rôti aux oignons
Gratin de blettes
Pomme

1 Préchauffez le four à 210 °C (th. 7). Ficelez le poulet (ou faites-le faire par le boucher). Plongez-le pendant 1 min dans une marmite d'eau bouillante, puis laissez-le refroidir. Épluchez l'ail et ébouillantez-le 10 sec. Lavez et effeuillez le basilic. Avec un couteau, faites des entailles dans les cuisses et les filets du poulet.

2 Insérez et faites bien pénétrer l'ail et les feuilles de basilic dans les entailles. Huilez légèrement le poulet, salez et poivrez. Épluchez les oignons, coupez-les en deux, gardez une partie de leurs fanes vertes si elles sont belles. Pressez le citron vert et mélangez le jus dans un bol avec le vin et le miel.

3 Étalez les oignons sur la plaque du four, posez le poulet dessus et versez le mélange au vin blanc. Faites cuire au four pendant 50 min. Sortez du four, couvrez de papier d'aluminium et laissez reposer 15 min. Récupérez le jus et, avec une cuillère à soupe, retirez toute la graisse formée à la surface.

4 Coupez le poulet et servez avec les oignons et le jus de cuisson.

Escalopes à la milanaise

Préparation 10 minutes
Cuisson 15 à 20 minutes
Coût**
Difficulté*

LES INGRÉDIENTS POUR 4 PERSONNES

4 minces escalopes de veau
60 g de farine
2 œufs
50 g de chapelure
50 g de parmesan râpé
1 citron
50 g de beurre pour la poêle
Sel, poivre du moulin

Un menu équilibré

Carottes râpées au citron
Escalopes à la milanaise
Spaghettis sauce tomate
Petits-suisses nature

Bon à savoir

Respectez bien la quantité de beurre de cuisson pour ne pas prendre de poids !

Pour varier

Selon votre budget, remplacez les escalopes de veau par des escalopes de poulet ou de dinde.

1 Mettez la farine dans une assiette creuse, battez les œufs dans une deuxième assiette creuse, puis mélangez la chapelure au parmesan râpé dans une troisième assiette.

2 Salez et poivrez les escalopes de veau. Dans une poêle, faites chauffer le beurre. Passez successivement les escalopes dans la farine, puis dans l'œuf battu et enfin dans le mélange de chapelure.

3 Déposez-les dans le beurre frémissant et faites-les dorer sur chaque face à feu moyen. Salez et poivrez. Réduisez le feu et poursuivez la cuisson 10 à 15 min selon la taille des escalopes. Servez avec 1 quartier de citron.

Pot-au-feu

Préparation 20 minutes
Cuisson 3 heures 30
Coût**
Difficulté*

LES INGRÉDIENTS POUR 4 À 6 PERSONNES

1,2 kg d'assortiment de viande de pot-au-feu (gîte, paleron, jumeau et plat de côtes)
1 bouquet garni
4 belles carottes
6 navets
3 blancs de poireaux
2 oignons
1 branche de céleri
8 pommes de terre
1 cuil. à soupe rase de gros sel
1 cuil. à café de poivre en grains

Un menu équilibré

Salade d'endives aux noix
Pot-au-feu
Yaourt aux fruits

Bon à savoir

Ne jetez pas le bouillon restant : laissez-le refroidir, dégraissez-le et consommez-le au dîner avec des vermicelles : succès garanti !

1 Déposez la viande dans une cocotte et recouvrez-la d'eau froide. Mettez sur le feu et comptez 3 min de cuisson à partir des premiers signes d'ébullition. Sortez la cocotte du feu, égouttez la viande et jetez l'eau de cuisson. Passez les morceaux sous l'eau pour enlever l'écume.

2 Déposez à nouveau les morceaux de viande dans la cocotte, ajoutez 3 l d'eau, le bouquet garni, les grains de poivre et le sel. Couvrez et laissez cuire 1 h 30 à feu doux.

3 Épluchez les légumes, déposez-les sur la viande (sauf les pommes de terre) et mettez à cuire à nouveau 1 h 30 à couvert. Au bout de ce temps, ajoutez les pommes de terre et faites cuire encore 30 min.

Curry de porc

Préparation 20 minutes
Cuisson 1 heure 10
Coût**
Difficulté*

LES INGRÉDIENTS POUR 4 PERSONNES

800 g de porc dans le filet
1 petit poivron rouge
1 pomme
1 gousse d'ail hachée
2 oignons émincés
3 cm de racine de gingembre frais
1 cuil. à soupe de curry en poudre
2 cuil. à soupe de raisins secs
1 cube de bouillon
20 cl de lait de coco
1 yaourt nature
3 cuil. à soupe d'huile d'olive
Sel

Un menu équilibré

Soupe glacée de concombre
Curry de porc
Courgettes sautées et riz basmati
Papillote de banane au chocolat et à la noix de coco

1 Coupez le poivron en deux, ôtez les graines, puis coupez-le en petits morceaux. Découpez la viande en gros cubes. Pelez la pomme et coupez-la en cubes. Pelez la racine de gingembre et coupez-la finement. Dans une cocotte, faites chauffer 2 cuil. à soupe d'huile d'olive, puis faites revenir les morceaux de porc. Quand ils sont dorés, mettez-les de côté.

2 Ajoutez 1 cuil. à soupe d'huile d'olive dans la cocotte, puis faites revenir les oignons, l'ail et le gingembre avec les cubes de pomme et de poivron. Laissez cuire 10 min en remuant de temps en temps. Saupoudrez de curry, ajoutez la viande et les raisins. Arrosez avec le cube de bouillon dilué dans 50 cl d'eau. Couvrez et laissez mijoter 45 min à feu doux. Ajoutez un peu d'eau en cours de cuisson si nécessaire.

3 À la fin de la cuisson, ajoutez le lait de coco et la moitié du yaourt, puis laissez mijoter 10 min à découvert. Rectifiez l'assaisonnement et ajoutez le reste du yaourt au moment de servir.

Brocolis et filets de dinde au vinaigre balsamique

Préparation 25 minutes
Marinade 1 heure
Cuisson 15 minutes
Coût**
Difficulté*

LES INGRÉDIENTS POUR 4 PERSONNES

1 gros pied de brocoli
400 g de filets de dinde (ou escalopes)
3 gousses d'ail
1 cuil. à soupe de gingembre frais (facultatif)
1 botte de ciboulette
4 oignons nouveaux
Huile d'olive
Sel, poivre noir

Pour la vinaigrette

2 cuil. à soupe de vinaigre balsamique
5 cuil. à soupe d'huile d'olive
2 cuil. à soupe de sauce soja

Un menu équilibré

Salade de roquette
Brocolis et filets de dinde au vinaigre balsamique
Riz thaï
Îles flottantes

1 Détaillez le brocoli en bouquets plus petits. Épluchez les tiges. Faites-les cuire 5 min au cuit-vapeur.

2 Coupez la dinde en petits morceaux et placez-la dans un saladier. Mélangez-la avec l'ail, le gingembre et la ciboulette hachés, puis les oignons émincés, un peu d'huile d'olive, du sel et du poivre. Laissez mariner pendant 1 h.

3 Préparez la vinaigrette en fouettant ensemble tous les ingrédients qui la composent.

4 Placez la dinde marinée dans une assiette. Posez les brocolis par-dessus, couvrez de film alimentaire et faites cuire pendant 10 min dans le cuit-vapeur. Si l'assiette ne tient pas dans le cuit-vapeur, posez la viande marinée sur une feuille de papier d'aluminium, de taille adaptée. Placez la dinde cuite et les brocolis dans les assiettes de service, puis nappez avec la vinaigrette.

Rôti de veau à la provençale

Préparation 25 minutes
Cuisson 40 minutes
Coût***
Difficulté**

LES INGRÉDIENTS POUR 4 PERSONNES

1 rôti de veau de 1 kg
1 brin de thym
2 brins de romarin
Quelques feuilles de sauge
4 gousses d'ail
1 botte de basilic
4 sections de tomates sèches
3 poivrons (rouge, vert, jaune)
4 cuil. à soupe d'huile d'olive + pour la cuisson
Sel, poivre

Un menu équilibré

Salade de tortis au saumon fumé
Rôti de veau à la provençale
Flan de courgettes
Salade de fruits frais

1 Prélevez les feuilles du thym et du romarin. Placez-les dans un mortier ou un mixeur avec la sauge, l'ail épluché, les feuilles de basilic, les tomates et l'huile d'olive. Réduisez ces ingrédients en une fine purée (aussi fine que possible). Épépinez les poivrons et coupez-les en gros morceaux.

2 Préchauffez le four à 210 °C (th. 7). Salez et poivrez le rôti, placez-le dans un plat huilé, entourez-le des poivrons et recouvrez-le avec la préparation d'aromates. Versez un petit verre d'eau dans le plat. Enfournez pour 35 à 40 min de cuisson. Couvrez le rôti d'une feuille de papier d'aluminium en cours de cuisson. Une fois cuit, laissez refroidir.

3 Ôtez la ficelle et découpez le rôti en tranches assez fines. Servez-le avec les poivrons et le jus de cuisson.

Hachis Parmentier

Préparation 45 minutes
Cuisson 20 minutes
Coût*
Difficulté*

LES INGRÉDIENTS POUR 4 PERSONNES

500 g de bœuf cuit (chez votre boucher)
800 g de pommes de terre de type bintje
30 cl de lait
2 oignons
2 tomates
2 cuil. à soupe de chapelure
50 g de beurre
1 cuil. à soupe d'huile d'olive
Sel, poivre du moulin

Un menu équilibré

Soupe moulinée de légumes
Hachis Parmentier
Salade frisée
Yaourt brassé nature

Astuce

Vous pouvez utiliser pour cette recette un reste de viande (rosbif, bœuf bourguignon, etc.)

1 Lavez les pommes de terre et plongez-les dans une grande casserole d'eau froide salée. Faites-les cuire 15 min dès les premiers signes d'ébullition. Égouttez et épluchez les pommes de terre dès qu'elles ne sont plus brûlantes. Écrasez-les alors au presse-purée avec 30 g de beurre coupé en dés. Faites chauffer le lait et ajoutez-le progressivement bien chaud tout en mélangeant.

2 Pelez et émincez les oignons. Coupez les tomates en dés. Hachez le bœuf cuit.

3 Dans une poêle, faites chauffer l'huile d'olive, puis faites revenir les oignons. Quand ils sont blonds, ajoutez les dés de tomates et le bœuf cuit. Laissez cuire 5 min.

4 Préchauffez le four à 250 °C (th. 8-9). Beurrez un plat à gratin, puis versez la viande. Recouvrez de purée, parsemez le dessus de noisettes du beurre restant et saupoudrez de chapelure. Mettez au four jusqu'à ce que le dessus soit doré (20 min environ).

Endives au jambon

Préparation 45 minutes
Cuisson 20 minutes
Coût*
Difficulté*

LES INGRÉDIENTS POUR 4 PERSONNES

4 belles endives (ou 8 petites)
50 cl de sauce Béchamel
50 g de fromage râpé
8 tranches de jambon
Un peu de beurre pour le plat à gratin
Sel, poivre du moulin

Un menu équilibré

Soupe orange (recette p. 54)
Endives au jambon
Gâteau de semoule

Bon à savoir

Les endives sont moins amères si on ôte leur base.

Pour varier

Vous pouvez remplacer les endives par des poireaux.

1 Préchauffez le four à 200 °C (th. 6-7). Beurrez un plat à gratin.

2 Ne lavez pas les endives mais coupez leur base et ôtez éventuellement certaines feuilles si elles sont abîmées. Coupez-les en deux si elles sont grosses. Mettez à cuire 25 min à la vapeur.

3 Dans une casserole, faites chauffer la sauce Béchamel et ôtez du feu. Salez et poivrez les endives, puis enroulez chacune d'elles de 1 tranche de jambon. Disposez-les dans le plat. Nappez de sauce Béchamel et saupoudrez avec le fromage râpé.

4 Enfournez les endives pour 20 min de cuisson et terminez par un léger passage sous le gril du four.

Saumon, aneth, endives et citron vert

Préparation 25 minutes
Cuisson 15 minutes
Coût**
Difficulté*

LES INGRÉDIENTS POUR 4 PERSONNES

4 pavés de saumon
2 échalotes
2 citrons verts
1 botte de ciboulette
1 petit piment rouge (facultatif)
4 endives
Huile d'olive
Sel, poivre

Un menu équilibré

Betteraves rouges à la vinaigrette
Saumon, aneth, endives et citron vert
Tagliatelles vertes
Camembert
Poire

Astuce de cuisson

La cuisson en papillote permet de cuire viandes et poissons avec un minimum de matière grasse.

1 Salez et poivrez les pavés de saumon. Découpez 4 feuilles de papier d'aluminium assez grandes pour pouvoir envelopper les pavés et leur garniture. Huilez-les légèrement, puis salez et poivrez.

2 Épluchez et hachez les échalotes. Prélevez les zestes des citrons verts avec un couteau économe : ne prenez que le vert, pas trop de peau blanche. Hachez-les ainsi que la ciboulette et le piment épépiné, si vous l'utilisez. Émincez assez finement les endives.

3 Dans un saladier, assemblez les endives, les échalotes, les zestes de citron, la ciboulette et le piment. Répartissez tous ces ingrédients sur les feuilles d'aluminium. Posez les pavés dessus, arrosez d'un trait d'huile d'olive. Refermez les feuilles d'aluminium et faites cuire 15 min environ au cuit-vapeur. Servez les papillotes avec des demi-citrons verts à presser au dernier moment sur le poisson.

Thon braisé aux tomates et pesto

Préparation 25 minutes
Cuisson 20 minutes
Coût**
Difficulté*

LES INGRÉDIENTS POUR 4 À 6 PERSONNES

1 grosse tranche de thon
1 branche de thym frais
1 botte d'oignons nouveaux
500 g de tomates cerise
6 gousses d'ail
1 verre de vin blanc
2 cuil. à soupe d'huile d'olive
Sel, poivre

Pour le pesto
4 gousses d'ail
2 bottes de basilic
80 g de pignons de pin
8 cl d'huile d'olive
Sel, poivre

Un menu équilibré

Melon
Thon braisé aux tomates et pesto
Riz blanc
Fromage blanc nature

Astuce

Si vous surveillez de près votre poids, versez le pesto dans un ramequin et servez-vous-en 1 cuillérée à soupe maximum.

1 Salez et poivrez la tranche de thon et émiettez dessus les feuilles de thym frais. Épluchez les oignons et coupez-les grossièrement. Lavez les tomates cerise et coupez-les en deux. Épluchez et hachez les 6 gousses d'ail.

2 Dans une cocotte, versez les 2 cuil. à soupe d'huile d'olive et faites-y sauter les oignons pendant 2 min. Ajoutez ensuite les tomates cerise et l'ail. Salez et poivrez. Laissez cuire 5 min, puis posez le thon par-dessus, versez le vin blanc, couvrez et laissez cuire pendant 15 min environ.

3 Pour le pesto, épluchez les 4 gousses d'ail et plongez-les 1 min dans de l'eau bouillante. Mixez finement les feuilles de basilic, les pignons de pin, les gousses d'ail et les 8 cl d'huile d'olive. Salez et poivrez selon votre goût.

4 Retirez le thon et placez-le dans un plat de service. Dans la cocotte, ajoutez tout le pesto au jus de cuisson. Faites cuire à feu doux pendant 1 min en remuant, puis versez cette sauce sur le poisson. Servez chaud avec un riz blanc nature, par exemple.

Pavés de saumon poivrés aux fenouils émincés

Préparation 25 minutes
Cuisson 15 minutes
Coût**
Difficulté*

LES INGRÉDIENTS POUR 4 PERSONNES

4 pavés de saumon
4 bulbes de fenouil, pas trop gros
½ citron
20 grains de poivre noir
Sel

Pour la sauce

15 cl de crème fraîche épaisse à 15 % de MG
1 botte d'aneth
½ citron
2 cuil. à soupe d'huile d'olive
1 cuil. à soupe de moutarde
Sel, poivre

Un menu équilibré

Tomates à la vinaigrette
Pavé de saumon poivrés aux fenouils émincés
Pommes de terre à la vapeur
Crème dessert au chocolat

1 Émincez assez finement les bulbes de fenouil bien lavés. Citronnez-les pour ne pas qu'ils noircissent. Salez les pavés de saumon. Écrasez les grains de poivre assez grossièrement et saupoudrez-en le poisson. Déposez le fenouil dans le panier du cuit-vapeur. Déposez les pavés de saumon poivrés par-dessus. Comptez 15 min de cuisson.

2 Pendant ce temps, préparez la sauce : versez la crème fraîche dans un bol. Hachez l'aneth, puis pressez le jus du demi-citron. Mélangez ces ingrédients avec l'huile d'olive et la moutarde. Salez et poivrez.

3 Déposez le fenouil et les pavés de saumon dans des assiettes, nappez-les de 1 cuil. à soupe de sauce et servez le reste dans un bol.

(Voir photo des pavés de saumon en couverture)

Légumes rôtis

Préparation 35 minutes
Cuisson 35 minutes
Coût*
Difficulté*

LES INGRÉDIENTS POUR 8 PERSONNES

3 betteraves rouges moyennes
½ boule de céleri
2 carottes
1 bulbe de fenouil
2 oignons rouges
2 oignons blancs
Huile d'olive
Gros sel, poivre

Pour la sauce
6 cuil. à soupe d'huile d'olive
2 tiges de citronnelle
Le jus de 2 citrons verts
1 botte de coriandre
½ piment frais
Sel

Un menu équilibré
Gaspacho glacé de tomates
Steak haché au gril
Légumes rôtis
Crêpe Suzette (recette p. 112)

1 Épluchez les betteraves, le céleri et les carottes. Coupez-les en tranches ne dépassant pas 1 cm d'épaisseur. Éliminez les tiges du fenouil, coupez-le en tranches. Épluchez les oignons et coupez-les de la même manière.

2 Placez les légumes dans un grand saladier, salez au gros sel, poivrez, ajoutez un trait d'huile d'olive et mélangez. Placez ensuite les légumes assaisonnés dans un grand plat ou sur la plaque du four. Ils ne doivent pas former une couche de plus de 2 cm d'épaisseur. Enfournez les légumes à 200 °C (th. 6-7) pour 35 min.

3 Pendant ce temps, préparez la sauce en assemblant l'huile d'olive, les tiges de citronnelle épluchées et hachées, le jus des citrons verts, la coriandre et le piment hachés. Salez.

4 Servez les légumes rôtis brûlants dans leur plat et nappez-les au dernier moment avec la sauce. Servez sans attendre.

(Voir photo en couverture)

Carottes sautées à l'ail, miel et épices

Préparation 20 minutes
Cuisson 25 minutes
Coût*
Difficulté*

LES INGRÉDIENTS POUR 4 PERSONNES

6 gousses d'ail
6 oignons nouveaux
600 g de carottes
2 cuil. à soupe d'huile d'olive
Sel, poivre

Pour la sauce
1 citron
4 cuil. à soupe d'huile d'olive
2 cuil. à soupe de miel
1 cuil. à café de curcuma
1 cuil. à café de cumin
1 botte de coriandre

Un menu équilibré

Taboulé oriental
Cuisse de dinde rôtie
Carottes sautées à l'ail, miel et épices
Fromage blanc aux fraises

Pour varier

Vous pouvez aussi servir cette recette en entrée (tiède ou froide), ou même en tapas avec des piques.

1 Épluchez les gousses d'ail et les oignons nouveaux, puis détaillez-les en tranches. Pelez les carottes et coupez-les en rondelles.

2 Dans une poêle à fond antiadhésif, faites chauffer à feu moyen l'huile d'olive. Faites-y cuire l'ail et les oignons pendant 5 min. Ajoutez les carottes, mélangez, salez, poivrez, couvrez et laissez cuire 20 min en remuant de temps en temps. Goûtez les carottes : elles doivent rester encore un peu fermes. Rectifiez l'assaisonnement si nécessaire.

3 Pour la sauce, pressez le citron et mélangez le jus avec l'huile, le miel, le curcuma et le cumin. Versez-la dans la poêle avec 10 cl d'eau. Mélangez, laissez cuire encore 5 min à feu doux, puis ôtez du feu. Hachez la coriandre et saupoudrez-en les carottes.

Brocolis sautés ail et miel

Préparation 25 minutes
Cuisson 10 minutes
Coût*
Difficulté**

LES INGRÉDIENTS POUR 4 PERSONNES

1 belle tête de brocoli
6 gousses d'ail
3 oignons nouveaux
¼ de piment frais (facultatif)
5 cl de vin blanc
3 cuil. à soupe de miel
5 cl de sauce soja
2 cuil. à soupe de sauce d'huître
1 cuil. à soupe d'huile de sésame
1 botte de ciboulette
2 cuil. à soupe d'hui e pour la cocotte

Un menu équilibré

Sushis
Brochette de gambas à la plancha
Brocolis sautés ail et miel
Flan à la noix de coco

1 Coupez et détachez les bouquets de la tête de brocoli en conservant les tiges, qui sont délicieuses. Avec un couteau, pelez les tiges (elles sont recouvertes d'une « peau » verte qui s'enlève très facilement).

2 Épluchez les gousses d'ail, hachez-les comme les oignons nouveaux, avec leurs fanes vertes si elles ne sont pas abîmées. Hachez le quart de piment ou omettez-le si vous n'aimez pas les saveurs trop piquantes.

3 Dans une sauteuse, faites chauffer l'huile à feu moyen et ajoutez l'ail. Laissez cuire pendant 1 min, puis ajoutez les bouquets de brocoli. Faites sauter en remuant pendant 5 min. Ajoutez les oignons, le vin blanc et le miel.

4 Couvrez et laissez cuire 3 min. Incorporez ensuite la sauce soja et la sauce d'huître. Laissez cuire encore 1 min, puis finissez en ajoutant l'huile de sésame, le piment si vous l'utilisez et la ciboulette hachée. Servez aussitôt.

Quiche lorraine

Préparation 10 minutes
Cuisson 30 minutes
Coût*
Difficulté*

LES INGRÉDIENTS POUR 6 PERSONNES

1 rouleau de pâte feuilletée
200 g de lardons
6 œufs
40 cl de crème fraîche liquide à 15 % de MG
150 g de fromage râpé (gruyère, emmental ou comté)
Sel, poivre

Un menu équilibré

Soupe de poireaux et pommes de terre
Quiche lorraine
Salade verte
Compote de poires

Astuce

Pour obtenir une quiche plus légère, remplacez les lardons par des cubes de jambon blanc.

Pour varier

Pensez à personnaliser cette quiche avec des tomates cerise (laissez-les entières) ou 2 cuil. à soupe de concentré de tomates à battre avec les œufs.

1 Préchauffez le four à 200 °C (th. 6-7). Étalez la pâte feuilletée dans un moule à tarte. Piquez le fond de tarte et étalez les lardons dessus.

2 Dans un saladier, fouettez les œufs et la crème ensemble. Ajoutez le fromage râpé, salez modérément et poivrez. Versez sur les lardons. Enfournez et laissez cuire 30 min.

Gratin dauphinois

Préparation 15 minutes
Cuisson 1 heure 15
Coût*
Difficulté*

LES INGRÉDIENTS POUR 6 PERSONNES

1,5 kg de pommes de terre
1 pointe de couteau de noix muscade
75 cl de crème liquide
30 g de beurre pour le plat
Sel, poivre

Un menu équilibré

Artichaut à la vinaigrette
Rosbif
Gratin dauphinois
Yaourt brassé

Astuce

Pour une recette plus légère, utilisez de la crème fraîche légère ou remplacez-la en partie par du lait demi-écrémé.

1 Pelez les pommes de terre et coupez-les en fines rondelles. Versez-les dans un saladier, salez, poivrez et saupoudrez de noix muscade. Mélangez du bout des doigts pour bien assaisonner toutes les pommes de terre.

2 Beurrez un plat à gratin. Gardez la quantité de beurre restante pour la fin de la recette. Préchauffez le four à 150 °C (th. 5).

3 Disposez la moitié des pommes de terre dans le plat, puis nappez-les avec la moitié de la crème. Étalez les pommes de terre restantes et nappez à nouveau avec le reste de crème. Parsemez la surface de noisettes de beurre.

4 Enfournez pour 1 h 15. Quelques minutes avant la fin de la cuisson, augmentez la température du four à 200 °C (th. 6-7) pour faire dorer la surface du gratin.

Tomates farcies

Préparation 20 minutes
Cuisson 40 minutes
Coût**
Difficulté*

LES INGRÉDIENTS POUR 4 PERSONNES

8 tomates moyennes
1 oignon
400 g de bœuf cuit
1 cuil. à soupe rase d'herbes de Provence
20 g de beurre
Sel, poivre du moulin

Un menu équilibré

Soupe de courgettes au fromage frais
Tomates farcies
Riz blanc
Yaourt nature

Astuce

Vous pouvez utiliser un reste de rôti de veau ou de g got d'agneau pour cette recette.

1 Lavez les tomates et séchez-les dans un torchon propre. Préchauffez le four à 180 °C (th. 6).

2 Coupez le chapeau des tomates, puis évidez l'intérieur avec une cuillère. Conservez la pulpe. Pelez et émincez l'oignon. Coupez le bœuf cuit en gros cubes.

3 Dans le bol d'un robot, versez les cubes de bœuf, la pulpe de tomate, l'oignon émincé et les herbes de Provence. Salez, poivrez et mixez le tout en actionnant le robot par à-coups.

4 Garnissez les tomates avec cette farce. Déposez 1 petite noisette de beurre sur le dessus et replacez les chapeaux. Enfournez pour 40 min de cuisson.

Pommes de terre vapeur et sauces

Préparation 5 minutes
Cuisson 30 minutes
Coût*
Difficulté*

LES INGRÉDIENTS POUR 4 PERSONNES

600 à 800 g de pommes de terre

Sauce à l'indienne
2 gousses d'ail
1 cuil. à soupe de gingembre frais
10 feuilles de menthe
1 pot de yaourt nature
1 bonne cuil. à soupe de curry
Le jus de 1 citron
Le jus de ½ orange
1 cuil. à soupe de sucre

Crème au raifort
1 cuil. à soupe d'aneth haché
1 cuil. à soupe de persil haché
25 cl de fromage blanc
1 à 2 cuil. à soupe de raifort
1 cuil. à café de moutarde
Le jus de 1 citron
Sel, poivre du moulin

Un menu équilibré
Salade de roquette aux tomates séchées
Truite aux amandes
Pommes de terre vapeur et sauces
Flan vanille au caramel

1 Placez simplement les pommes de terre lavées et non épluchées dans le cuit-vapeur et comptez 30 min de cuisson. Servez-les avec l'une des sauces suivantes. Pour aller plus vite, pensez à faire la cuisson à l'autocuiseur.

2 Sauce à l'indienne : hachez l'ail, le gingembre et les feuilles de menthe. Mélangez bien tous les ingrédients, puis servez avec les pommes de terre cuites.

3 Crème au raifort : hachez les herbes. Mélangez tous les ingrédients de cette sauce dans un bol et servez ainsi avec les pommes de terre cuites.

Riz à la créole

Préparation 10 minutes
Cuisson 25 minutes
Coût*
Difficulté*

LES INGRÉDIENTS POUR 4 PERSONNES

300 g de riz long
2 gousses d'ail
2 échalotes
1 cuil. à soupe rase de curry
100 g de raisins secs
75 cl de bouillon de volaille
30 g de beurre pour la sauteuse
Sel, poivre du moulin

Un menu équilibré

Carottes et céleri râpés, sauce au fromage blanc
Filet de colin pané
Riz à la créole
Glace au yaourt

Astuce

Lavez bien le riz avant la cuisson pour enlever l'amidon : cela permet d'éviter les problèmes de ralentissement de transit intestinal.

1 Versez le riz dans une passoire et lavez-le à grande eau. Essuyez-le dans un torchon propre. Pelez et émincez finement l'ail et les échalotes.

2 Dans une sauteuse, faites chauffer le beurre, puis versez l'ail et les échalotes. Laissez revenir jusqu'à ce que les échalotes soient blondes. À ce moment-là, ajoutez le riz et mélangez avec une cuillère en bois. Laissez revenir 3 min, puis saupoudrez de curry. Ajoutez les raisins et arrosez avec le bouillon de volaille froid. Salez et poivrez.

3 Quand l'ébullition reprend, couvrez et laissez cuire 20 min à petit feu. À la fin de la cuisson, le riz doit être moelleux, mais sec, et le bouillon doit être complètement absorbé. Si ce n'est pas le cas, prolongez la cuisson de quelques minutes.

Couscous aux légumes du jardin

Préparation 45 minutes
Cuisson 1 heure 45
Coût**
Difficulté**

LES INGRÉDIENTS POUR 6 À 8 PERSONNES

1 kg de jarret de veau
1 cuil. à café de cannelle
1 cuil. à café de curcuma
1 cuil. à soupe de paprika
1 cuil. à café de graines de coriandre
1 cube de bouillon
3 gousses d'ail
4 oignons
4 carottes
4 navets
1 aubergine
300 g de potiron pelé
1 poivron rouge
2 courgettes
6 pommes de terre nouvelles
600 g de semoule de blé dur
Harissa
3 cuil. à soupe d'huile d'olive
Sel, poivre

Un menu équilibré

Salade d'endives
Couscous aux légumes du jardin
Faisselle au miel

1 Saupoudrez la viande avec la cannelle, le curcuma et le paprika. Malaxez pour bien envelopper tous les morceaux. Mettez une cocotte à chauffer avec l'huile d'olive et faites dorer à feu vif les morceaux de viande. Ajoutez les graines de coriandre grossièrement concassées. Remuez régulièrement avec une cuillère en bois jusqu'à ce que les morceaux soient bien colorés sur toutes les faces. Versez un peu d'eau et grattez le fond de la cocotte avec la cuillère, puis ajoutez le cube de bouillon et suffisamment d'eau pour couvrir la viande. Mettez un couvercle et laissez cuire 45 min à feu moyen.

2 Pelez l'ail et les oignons et émincez-les finement. Pelez les carottes et coupez-les en tronçons. Pelez les navets et coupez-les en deux. Coupez l'aubergine et la chair du potiron en cubes. Coupez le poivron en lamelles. Coupez les courgettes en rondelles. Pelez les pommes de terre.

3 Versez les légumes dans la cocotte, couvrez et laissez cuire 1 h à feu doux. Préparez la semoule de couscous. Servez le couscous bien chaud avec la semoule et l'harissa.

Printanière de légumes à l'estragon

Préparation 25 minutes
Cuisson 20 minutes
Coût**
Difficulté**

LES INGRÉDIENTS POUR 4 PERSONNES

1 botte de carottes
1 botte de navets
1 botte d'oignons nouveaux
700 g de petits pois frais
2 cuil. à soupe de sucre
40 g de beurre
½ botte d'estragon (facultatif)
Sel, poivre

Un menu équilibré

Radis beurre
Brochette de dinde aux poivrons
Printanière de légumes à l'estragon
Flan pâtissier

Bon à savoir

Une recette légère à réaliser aussi souvent que vous le désirez !

1 Éliminez les fanes des carottes et des navets. Pelez les navets et essuyez les carottes (pelez-les si elles dépassent 1 cm de diamètre). Épluchez les oignons en leur gardant environ 2 cm de fanes si elles sont bien vertes.

2 Écossez les petits pois. Coupez les navets en deux s'ils dépassent la taille d'une grosse noix. Coupez les carottes dans le sens de la longueur. Dans une casserole, assemblez les navets, les carottes, le sucre, le beurre, 3 cl d'eau, du sel et du poivre.

3 Couvrez et faites cuire à feu doux pendant 15 min environ. Vérifiez la cuisson des légumes en les piquant avec la pointe d'un couteau : ils doivent être tendres mais pas mous.

4 Ajoutez les petits pois, remuez, couvrez et laissez cuire encore 5 min. Vérifiez l'assaisonnement, ajoutez l'estragon si vous aimez et servez sans attendre.

Aubergines et poivrons marinés à la vapeur

Préparation 20 minutes
Cuisson 30 minutes
Marinade 1 heure
Coût*
Difficulté*

LES INGRÉDIENTS POUR 4 PERSONNES

4 poivrons (rouges, verts et jaunes)
2 aubergines
1 botte de persil plat

Pour la sauce
2 cuil. à soupe de vinaigre de vin
1 cuil. à café de miel
2 cuil. à soupe d'huile de colza
2 cuil. à soupe d'huile de noix ou de noisette
1 gousse d'ail
Sel, poivre noir

Un menu équilibré

Salade de pennes au basilic
Gigot de 7 heures (recette p. 95 dans *Recevoir sans prendre de poids*)
Aubergines et poivrons marinés à la vapeur
Cantal
Cerises

1 Éliminez la tige des poivrons et tous leurs pépins. Coupez-les en deux dans la longueur. Posez les demi-poivrons dans le cuit-vapeur, côté peau vers le haut. Laissez-les cuire 15 mn. Vous pouvez aussi les cuire dans un autocuiseur équipé de son panier de cuisson, mais sans le mettre en pression. Après la cuisson, sortez les poivrons, laissez-les refroidir un moment, puis pelez-les. Coupez-les ensuite en cubes ou en lanières.

2 Éliminez l'extrémité verte des aubergines puis coupez-les, dans la longueur, en tranches de 1 cm d'épaisseur environ. Posez ces tranches dans le cuit-vapeur en évitant qu'elles ne se chevauchent trop ; faites-les cuire 15 min. Sortez-les du cuit-vapeur et laissez-les refroidir. Coupez-les ensuite en cubes.

3 Dans un saladier, assemblez le vinaigre, le miel, les huiles et l'ail haché. Salez, poivrez et fouettez le tout afin d'obtenir une vinaigrette bien homogène. Ajoutez les poivrons et aubergines. Laissez macérer 1 h, puis servez frais saupoudré de persil haché.

Purée de céleri à l'aneth

Préparation 20 minutes
Cuisson 30 minutes
Coût*
Difficulté*

LES INGRÉDIENTS POUR 6 À 8 PERSONNES

1 kg de céleri-boule
500 g de pommes de terre
1 poignée de riz
1 botte d'aneth
2 l de lait
60 g de beurre
Sel, poivre

Un menu équilibré

Salade de tomates et mozzarella
Filet de lieu noir au four
Purée de céleri à l'aneth
Pêche

Pour varier

Essayez cette recette en remplaçant le céleri par des châtaignes pelées et en supprimant l'aneth.

1 Épluchez le céleri et les pommes de terre, puis coupez-les en cubes. Faites bouillir le riz dans de l'eau pendant 2 min. Hachez finement la botte d'aneth.

2 Dans une casserole, assemblez les légumes, le lait, le riz, assez d'eau pour tout couvrir, du sel et du poivre. Faites cuire lentement environ 30 min, puis égouttez en gardant du jus de cuisson.

3 Passez les légumes au presse-purée ou au mixeur, puis mélangez la pulpe obtenue avec le beurre, l'aneth haché, du sel et du poivre. Ajustez la consistance de la purée avec le jus de cuisson bien chaud.

Chou-fleur au parmesan et gros sel

Préparation 25 minutes
Cuisson 15 minutes
Coût***
Difficulté**

LES INGRÉDIENTS POUR 6 PERSONNES

1 chou-fleur
50 g de pignons de pin
10 feuilles de basilic
100 g de parmesan en morceaux
Gros sel

Pour la vinaigrette

4 cuil. à soupe de vinaigre balsamique
6 cuil. à soupe d'huile de colza pressée à froid ou d'huile d'olive
1 gousse d'ail
2 pincées de piment de Cayenne
Sel

Un menu équilibré

Salade de roquette aux amandes effilées grillées
Rôti de porc aux 40 gousses d'ail (recette p. 64)
Chou-fleur au parmesan et gros sel
Yaourt brassé nature

1 Détaillez le chou-fleur en bouquets de la taille d'un doigt, approximativement. Faites bouillir une grande casserole d'eau bien salée (au moins 15 à 20 g/l). Plongez le chou et comptez 3 à 5 min de cuisson. Égouttez-le et faites-le refroidir dans un grand volume d'eau froide pendant 1 ou 2 min. Égouttez à nouveau.

2 Faites dorer les pignons de pin quelques minutes à sec dans une poêle chaude tout en remuant. Émincez les feuilles de basilic. Avec un couteau économe, préparez des copeaux de parmesan, comme si vous peliez une pomme de terre.

3 Dans un saladier, fouettez un instant le vinaigre balsamique, l'huile de colza (ou d'olive), la gousse d'ail très finement hachée, le piment et un peu de sel.

4 Répartissez le chou-fleur dans les assiettes de service. Disposez par-dessus le basilic, les pignons et les copeaux de parmesan. Salez avec du gros sel et nappez avec la vinaigrette. Servez aussitôt.

Poêlée de pommes de terre au romarin

Préparation 10 minutes
Cuisson 30 minutes
Coût*
Difficulté*

LES INGRÉDIENTS POUR 4 PERSONNES

8 pommes de terre de type roseval
2 escalopes de poulet
100 g de lardons
1 banche de romarin
2 noix de beurre pour la poêle
Gros sel
Sel, poivre

Un menu équilibré

Soupe de pois cassés
Poêlée de pommes de terre au romarin
Salade de jeunes pousses aux noix
Clafoutis aux poires

Bon à savoir

Cette recette comprend des lardons et du poulet : vous pouvez la servir en plat complet.

1 Lavez les pommes de terre et plongez-les dans une grande casserole d'eau froide. Ajoutez 1 cuil. à soupe de gros sel et mettez sur le feu. Comptez 15 min de cuisson à partir de l'ébullition. Égouttez et laissez tiédir.

2 Pelez les pommes de terre et coupez-les en rondelles. Détaillez les escalopes de poulet en dés.

3 Dans une grande poêle, mettez à fondre les noix de beurre et faites revenir les pommes de terre, les dés de poulet et les lardons. Salez, poivrez et saupoudrez de romarin. Faites dorer l'ensemble pendant environ 15 min.

Clafoutis aux cerises

Préparation 30 minutes
Cuisson 25 minutes
Coût*
Difficulté*

LES INGRÉDIENTS POUR 6 À 8 PERSONNES

500 g de cerises
4 cuil. à soupe d'armagnac
1 gousse de vanille
20 cl de crème liquide
20 cl de lait
4 œufs
140 g de sucre roux
70 g de farine tamisée
1 pincée de sel

Pour le moule
20 g de beurre
1 cuil. à soupe de sucre roux

Un menu équilibré

Carottes râpées aux raisins secs
Œufs coques + mouillettes de pain de campagne
Épinards en branches sautés
Clafoutis aux cerises

Pour varier

Selon la saison, remplacez les cerises par des mirabelles ou par des poires.

1 Préchauffez le four à 200 °C (th. 6-7). Dénoyautez les cerises (vous devez obtenir 450 g de fruits environ), placez les fruits dans un saladier avec l'armagnac et mélangez. Coupez la gousse de vanille en deux dans le sens de la longueur, récupérez les petites graines noires avec un couteau et versez-les dans un grand bol. Ajoutez-y la crème et le lait, puis fouettez un instant.

2 Dans un saladier, cassez les œufs, ajoutez le sucre et battez avec un fouet à main pour faire blanchir le mélange. Ajoutez la farine et la pincée de sel. Versez ensuite le mélange crème-lait-vanille et fouettez un instant pour avoir une pâte bien lisse.

3 Beurrez un moule à clafoutis puis chemisez-le avec le sucre roux. Répartissez les cerises et leur alcool au fond du moule, puis versez la pâte par-dessus. Faites cuire au four pendant 20 à 25 min environ. Servez tiède ou chaud.

Fraisier

Préparation 30 minutes
Cuisson 25 minutes
Repos 30 minutes
Coût**
Difficulté**

LES INGRÉDIENTS POUR 6 À 8 PERSONNES

Pour la génoise
60 g de beurre
4 œufs
125 g de sucre en poudre
125 g de farine
1 noix de beurre pour le moule

Pour la garniture
500 g de mascarpone
15 cl de crème liquide
80 g de sucre glace
1 cuil. à café de vanille liquide
250 g de fraises
1 petit pot de gelée de groseille

Un menu équilibré

Asperges à la vinaigrette
Foie de veau poêlé
Haricots verts sautés à l'ail et persil
Fraisier

Bon à savoir

Le fraisier est un dessert assez riche en calories : prévoyez une entrée et un plat légers pour équilibrer le repas.

1 Préchauffez le four à 175 °C (th. 5-6). Mettez le beurre à fondre. Fouettez les œufs entiers et le sucre dans un bol.

2 Mettez une casserole avec un peu d'eau à bouillir, placez le bol avec les œufs au-dessus et fouettez jusqu'à ce que le mélange épaississe (10 min). Hors du feu, ajoutez la farine en plusieurs fois et mélangez délicatement à la spatule. Ajoutez le beurre fondu et mélangez. Versez la pâte dans le moule beurré. Enfournez pour 25 min. Démoulez à la sortie du four sur une grille et laissez refroidir.

3 Versez le mascarpone, la crème liquide, le sucre glace et l'extrait de vanille dans le bol d'un mixeur. Mélangez. Placez au froid pendant 30 min.

4 Équeutez les fraises et coupez-les en deux ou en rondelles. Taillez la génoise en trois dans l'épaisseur. Tartinez la base de la génoise de gelée de groseilles puis du tiers de la préparation au mascarpone et recouvrez du tiers des fraises. Renouvelez l'opération avec les deux autres couches de génoise.

Papillotes de brugnons à la cannelle

Préparation 10 minutes
Cuisson 20 minutes
Coût**
Difficulté*

LES INGRÉDIENTS POUR 4 PERSONNES

4 brugnons mûrs
1 cuil. à soupe bombée de sucre en poudre
1 cuil. à café de cannelle en poudre
1 citron
100 g de framboises

Un menu équilibré

Salade frisée
Pizza jambon-fromage
Papillotes de brugnons à la cannelle

Bon à savoir

Une recette très légère à consommer sans modération !

1 Préchauffez le four à 200 °C (th. 6-7). Lavez les brugnons et séchez-les. Coupez-les en deux, puis séparez délicatement les deux moitiés. Retirez le noyau puis coupez-les à nouveau en deux pour obtenir des quartiers.

2 Mélangez le sucre en poudre et la cannelle. Pressez le citron et réservez le jus. Découpez 4 carrés de papier d'aluminium. Déposez 4 quartiers de brugnons sur chaque feuille, côté peau sur l'aluminium. Disposez les framboises sur le dessus. Saupoudrez de sucre à la cannelle et arrosez de jus de citron. Fermez bien les papillotes et faites cuire au four pendant 20 min.

3 Ouvrez les papillotes et servez chaud, par exemple avec une boule de sorbet citron ou framboise.

Clafoutis aux poires et au chocolat

Préparation 20 minutes
Cuisson 30 minutes
Coût*
Difficulté*

LES INGRÉDIENTS POUR 6 À 8 PERSONNES

4 belles poires mûres
45 cl de lait
100 g de chocolat noir à cuire
2 œufs entiers + 2 jaunes
120 g de sucre roux
60 g de farine tamisée
50 g de beurre

Pour le moule
20 g de beurre
1 cuil. à soupe de sucre roux
½ cuil. à soupe de cacao en poudre

Un menu équilibré
Concombre, sauce au yaourt
Jambon blanc
Macaronis en gratin
Clafoutis aux poires et au chocolat

1 Préchauffez le four à 200 °C (th. 6-7). Beurrez le moule de cuisson, mélangez le sucre avec le cacao en poudre et chemisez le moule avec ce mélange.

2 Pelez et épépinez les poires. Coupez-les en dés de petite taille et mettez-les de côté. Dans une casserole, faites chauffer le lait ; dès qu'il monte, sortez-le du feu.

3 Hachez le chocolat et placez-le dans un saladier. Versez le lait bouillant par-dessus et mélangez bien pour obtenir une préparation homogène. Laissez refroidir 5 min environ ; le mélange doit être tiède.

4 Battez un instant les 2 œufs entiers et les 2 jaunes d'œufs avec le sucre roux, puis incorporez la farine. Versez le lait chocolaté tiède par-dessus et mélangez avec un fouet.

5 Versez cette pâte dans le moule, répartissez les morceaux de poires, puis dispersez en surface le beurre divisé en petites noisettes. Faites cuire au four 30 min environ.

Crêpes Suzette

Réalisation des crêpes avec
le temps de repos 50 minutes
Préparation 25 minutes
Cuisson 5 minutes
Coût*
Difficulté**

LES INGRÉDIENTS POUR 8 CRÊPES

1 orange
100 g de sucre glace
Le jus de 1 citron
150 g de beurre
3 cuil. à soupe de Grand Marnier
3 cuil. à soupe de cognac

Pour la pâte

125 g de farine
2 œufs
25 cl de lait
20 g de beurre fondu
Les zestes fins de ½ citron
20 g de beurre pour la cuisson
1 pincée de sel

Un menu équilibré

Potage velouté au potiron
Omelette aux pommes de terre et au jambon
Salade verte
1 crêpe Suzette

1 Préparez la pâte à crêpes : versez la farine et le sel dans un saladier et creusez un puits. Dans un autre bol, fouettez les œufs, le lait et le beurre fondu, puis versez dans le puits de farine. Fouettez à nouveau pour obtenir une pâte fluide, en ajoutant les zestes de citron. Après 30 min de repos, faites cuire 8 crêpes.

2 Prélevez le zeste de l'orange et coupez-le finement pour en obtenir 1 cuil. à soupe. Pressez le fruit. Dans une casserole, versez le sucre glace, le jus du citron, le jus de l'orange et les zestes. Faites chauffer à feu doux. Quand le mélange est chaud, ajoutez le beurre et mélangez avec une cuillère en bois jusqu'à ce qu'il soit complètement fondu.

3 Préchauffez le four à 150 °C (th. 5). Trempez une à une les crêpes dans la casserole, pliez-les en quatre et placez-les dans un plat. Couvrez de papier d'aluminium et enfournez 5 min. Pour les adultes, versez les alcools dans une casserole et mettez à chauffer. Versez sur les crêpes sorties du four et faites flamber avec une allumette.

Pancakes

Préparation 10 minutes
Repos 30 minutes
Cuisson 20 minutes
Coût*
Difficulté**

LES INGRÉDIENTS POUR 12 PANCAKES

2 œufs
15 cl de lait
120 g de farine
1 cuil. à café de levure
2 cuil. à soupe de sucre
20 g de beurre fondu pour la cuisson
Sirop d'érable
1 pincée de sel

Un menu équilibré (petit déjeuner)

Café au lait
3 ou 4 pancakes au sirop d'érable
Kiwis

1 Cassez les œufs et séparez les blancs des jaunes. Versez les jaunes d'œufs dans un bol, puis fouettez-les avec le lait, la farine, le sel et la levure. Ajoutez le sucre et fouettez à nouveau pour obtenir une pâte homogène.

2 Dans un bol, montez les blancs en neige, puis ajoutez-les au mélange précédent. Laissez reposer 30 min.

3 Graissez une poêle avec un peu de beurre fondu et mettez-la à chauffer. Versez une petite louche de pâte, tournez la poêle pour bien répartir la pâte sur toute sa surface. Quand la pâte est sèche sur le dessus (au bout de 2 min environ), retournez le pancake et laissez cuire 1 min sur l'autre face.

4 Servez la pile de pancakes avec du sirop d'érable.

Chocolat chaud aux épices

Préparation 10 minutes
Cuisson 3 minutes
Coût*
Difficulté*

LES INGRÉDIENTS POUR 4 PERSONNES

100 g de chocolat noir dessert
50 cl de lait
10 cl de crème liquide
1 gousse de vanille
1 sachet de sucre vanillé
1 belle pincée de cannelle

Un menu équilibré (goûter gourmand)

Chocolat chaud aux épices
Brioche au sucre
Banane poêlée

Bon à savoir

Si vous faites un goûter gourmand, dînez léger : soupe de légumes aux vermicelles, jambon blanc, salade verte et yaourt nature par exemple.

1 Cassez le chocolat en petits carrés. Versez le lait et la crème liquide dans une casserole. Ajoutez la gousse de vanille fendue en deux en prenant bien soin de gratter les graines avec la pointe d'un couteau. Portez à ébullition. Sortez du feu et ôtez les gousses de vanille grattées.

2 Versez le chocolat dans la casserole. Ajoutez le sucre vanillé et la cannelle. Remuez pour faire fondre le chocolat et bien le mélanger au lait. Remettez un peu sur feu doux si nécessaire.

3 Versez le chocolat dans un thermos ou dans une bouteille en verre de 1 l que vous aurez ébouillantée juste avant. Secouez énergiquement pendant 1 min pour avoir une bonne mousse. Versez dans des tasses ou des verres et buvez aussitôt.

Crumble aux pommes

Préparation 15 minutes
Cuisson 30 minutes
Coût*
Difficulté*

LES INGRÉDIENTS POUR 4 PERSONNES

4 pommes
80 g de beurre
100 g de sucre en poudre
100 g de farine
1 cuil. à café de cannelle
2 cuil. à soupe de raisins secs
1 cuil. à soupe de pignons de pin

Un menu équilibré

Crème d'asperges
Coquille Saint-Jacques
Riz blanc
Chèvre frais
Crumble aux pommes

Pour varier

Cette recette est à décliner à l'infini avec les fruits que vous aimez : mirabelles et bananes, poires, abricots et pommes, etc.

1 Préchauffez le four à 180 °C (th. 6). Pelez les pommes et coupez-les en petits cubes.

2 Coupez le beurre en dés et laissez-le ramollir à température ambiante. Ajoutez le sucre, la farine et la cannelle, puis mélangez du bout des doigts. Travaillez la pâte en l'émiettant : elle doit être sableuse.

3 Versez les pommes dans un plat à gratin, saupoudrez de raisins et de pignons, mélangez, puis recouvrez de pâte. Enfournez pour 30 min.

Confiture de fraises

Préparation 25 minutes
Marinade 1 nuit
Cuisson 20 minutes
Coût*
Difficulté**

LES INGRÉDIENTS POUR 4 POTS DE 500 G

1,5 kg de fraises
600 g de sucre cristallisé
400 g de sucre pour confiture
Le jus de 1 citron

Un menu équilibré (brunch du dimanche)

Chocolat au lait
Tartines grillées +
beurre et confiture de fraises
Salade de fruits frais
Œuf miroir

Astuce

Pour faire ce grand classique, préférez des fraises à chair ferme et assez parfumée, comme la mara des bois.

Bon à savoir

Pour réaliser des confitures peu sucrées et délicieuses, utilisez les quantités de sucre suivantes : 1 kg de sucre pour 1,5 kg de fruits environ.

1 Lavez les fraises et égouttez-les assez longuement pour bien enlever toute l'eau. Équeutez les fruits et coupez-les en deux. Dans une bassine ou un saladier, mélangez les fraises, les sucres, le jus de citron et 20 cl d'eau. Recouvrez de film alimentaire et laissez macérer au réfrigérateur pendant 1 nuit.

2 Le lendemain, égouttez les fraises au-dessus d'une grande casserole en acier inoxydable pour récupérer le sirop formé pendant la macération. À feu assez vif, portez le sirop à ébullition et laissez-le cuire pendant 8 à 10 min environ ou atteindre la température de 105 °C.

3 Ajoutez les fraises et laissez cuire encore 10 min à gros bouillons. Écumez la surface de temps en temps, puis ôtez du feu.

4 Remplissez des pots propres avec la confiture encore brûlante et refermez-les. Retournez-les et laissez-les refroidir. Rangez-les à l'endroit et attendez 4 à 5 jours avant de les ouvrir et de consommer la confiture.

Pain aux céréales

AVEC MACHINE À PAIN :
Préparation 5 minutes
Cuisson 2 heures
Matériel spécifique 1 machine à pain
SANS MACHINE À PAIN :
Préparation 25 minutes
Repos 1 nuit + 4 heures
Cuisson 25 à 30 minutes
Matériel spécifique 1 robot ménager (mini-pétrin)
Coût*
Difficulté*

LES INGRÉDIENTS POUR 1 PAIN POUR 6 À 8 PERSONNES

30 g de beurre
10 g de sucre en poudre
10 g de lait en poudre
230 g de farine complète
230 g de farine blanche bio
15 g de levure de boulanger
90 g de céréales en flocons (blé, kamut, orge)
8 g de sel

Un menu équilibré (repas détente du dimanche soir)

Salade verte aux pignons
Assiette de jambon blanc et jambon cru
Plateau de fromages
Pain aux céréales
Éclair au chocolat

Version avec machine à pain. Faites fondre le beurre. Versez-le dans la cuve de la machine à pain. Ajoutez 28 cl d'eau, le sel, le sucre et le lait en poudre. Versez les deux farines. Émiettez la levure de boulanger. Ajoutez les céréales écrasées. Lancez le programme de pétrissage et cuisson en mode normal ou complet.

1 **Version sans machine à pain.** Faites fondre le beurre. Mélangez-le avec 28 cl d'eau, le sel, le sucre, le lait en poudre et la levure. Versez cette préparation dans la cuve du robot. Ajoutez les farines et pétrissez à vitesse lente 5 min, puis à vitesse moyenne 10 min. Incorporez les flocons de céréales et mélangez.

2 Quand la pâte est bien ferme, placez-la en boule 1 nuit dans le réfrigérateur en la farinant. Pétrissez-la à nouveau 2 min, formez des petits pains et laissez gonfler 4 h dans le four en position étuve. Préchauffez le four à 170 °C (th. 5-6). Humectez la surface des pains, faites quelques incisions avec une lame de rasoir ou un petit couteau. Saupoudrez de céréales, puis enfournez 25 à 30 min.

Brownie au chocolat au lait

Préparation 20 minutes
Cuisson 20 à 25 minutes
Coût*
Difficulté*

LES INGRÉDIENTS POUR 6 PERSONNES

200 g de chocolat au lait pâtissier
100 g de beurre
100 g de crème fraîche
115 g de sucre
3 œufs
55 g de farine

Un menu équilibré

Salade de blé, avocat, surimi, feta et tomates
Rosbif
Tian de courgettes et aubergines
Brownie au chocolat au lait

Bon à savoir

Les brownies sont des gâteaux riches en calories : prévoyez une entrée et un plat légers pour ne pas prendre de poids.

1 Dans un saladier, assemblez le chocolat au lait cassé en carrés et le beurre détaillé en noisettes. Faites fondre au bain-marie pas trop chaud ou au four à micro-ondes à 350 watts pendant 2 min environ. Mélangez bien la masse obtenue pour qu'elle soit parfaitement homogène.

2 Préchauffez le four à 180 °C (th. 6). Dans une casserole, portez la crème à ébullition et ajoutez-la au chocolat. Mélangez bien. Dans un autre saladier, assemblez le sucre et les œufs avec un fouet à main pendant 1 ou 2 min environ. Incorporez ensuite le mélange au chocolat et la farine.

3 Versez la pâte dans le moule. Enfournez et laissez cuire pendant 20 à 25 min. Laissez refroidir 1 h avant de déguster.

Index des recettes

Index des ingrédients

Dans la même collection

À paraître :

desserts *sans prendre de poids*
cuisine pour enfants *sans prendre de poids*
sur le pouce *sans prendre de poids*
au bureau *sans prendre de poids*

Crédits

Recettes originales de :
Stéphan Lagorce, pp 48, 50, 52, 56, 58, 64, 66, 67, 68, 74, 76, 80, 82, 84, 85, 86, 88, 94, 98, 100, 102, 103, 106, 111, 118, 120, 122.
Laurence du Tilly, pp 51, 54, 55, 60, 61, 62, 70, 72, 73, 78, 79, 90, 91, 92, 96, 97, 104, 108, 110, 112, 114, 116, 117.

Photographies :
© Éric Fénot : pp. 49, 53, 57, 59, 65, 69, 77, 83, 87, 89, 99, 109.
© Rina Nurra : pp. 71, 75, 81, 93, 95, 101, 105.
© Philippe Vaurès-Santamaria : pp. 63, 107, 113, 115, 119, 121, 123.

Photographie de couverture :
© Éric Fénot – Stylisme : Delphine Brunet ; Pavés de saumon poivrés (recette p. 84) et Légumes rôtis (recette p. 85).

Les auteurs

Marie-Laure André est diététicienne en milieu hospitalier à Toulon-La Seyne-sur-Mer, spécialisée dans la prise en charge nutritionnelle des insuffisants rénaux chroniques, des diabétiques et des obèses. Elle est auteur de plusieurs ouvrages de diététique : Moins saler pour mieux se porter, *Flammarion, 2005 ;* Quel régime choisir ? *Flammarion, 2006 ;* Je ne suis pas une machine à maigrir, *Hachette Pratique, 2008 ;* Manger bien, manger sain, *Hachette Pratique, 2008.*
Stéphan Lagorce est chef cuisinier, auteur de très nombreux ouvrages culinaires et traducteur notamment de Jamie Oliver.
Laurence du Tilly est styliste et auteur culinaire. Elle prend autant de plaisir à cuisiner qu'à présenter ses bons petits plats et offre des idées créatives et originales pour toute la famille.

Directeur : Jean-François Moruzzi
Directeur éditorial : Pierre-Jean Furet
Responsables éditoriales : Delphine Kopff-Hausser et Tatiana Delesalle-Féat
Couverture et conception graphique : Salah Kherbouche
Mise en pages : Patrick Leleux
Secrétariat d'édition : Nelly Mégret
Fabrication : Amélie Latsch
Responsable des relations presse et des droits étrangers : Johanna Rodrigue
Attachée de presse : Mathilde Quénardel
L'éditeur remercie Cyrille Chauvet d'Arcizas pour son aide précieuse.

Imprimé en Italie par Stige
Dépôt légal : juin 2010
ISBN : 978-2-0123-8073-8
23-28-8073-01-1